Dr Brian Bexton

vivre avec une *personne dépressive*

Propos recueillis par Paul-André Giguère

Dépôt légal : 4ᵉ trimestre 2008
Bibliothèque nationale du Canada
Bibliothèque nationale du Québec

ISBN 978-2-89579-109-6

Les données de catalogage sont disponibles
à Bibliothèque et Archives Canada
www.collectionscanada.ca

Éditeur : Jean-François Bouchard
Directrice de la collection : Lucie Côté
Réviseur : Paul-André Giguère
Couverture et mise en page : Mardigrafe
Photo de l'auteur : © 2008, Claire Beaugrand-Champagne
Conseiller scientifique : Dʳ Pierre Doucet, psychiatre

Bayard Canada Livres
4475, rue Frontenac
Montréal (Québec) H2H 2S2
Canada

Nous reconnaissons l'aide financière du gouvernement du Canada
par l'entremise du Programme d'aide au développement
de l'industrie de l'édition (Padié) pour nos activités d'édition.

Bayard Canada Livres remercie le Conseil des Arts du Canada
du soutien accordé à son programme d'édition dans le cadre
du Programme de subventions globales aux éditeurs.

Cet ouvrage a été publié avec le soutien de la SODEC.
Gouvernement du Québec – Programme de crédit d'impôt
pour l'édition de livres – Gestion SODEC.

Imprimé au Canada

Quand le docteur Bexton m'a demandé de rédiger
cette préface, j'ai bien sûr été honorée de la confiance
qu'il me manifestait. Ce n'est pourtant pas sans
appréhensions que j'ai abordé la lecture de son manuscrit.
Ayant moi-même souffert de dépression il y a quelques
années, je craignais d'y découvrir l'ampleur de la souffrance
que j'avais pu imposer à mon mari et à ma famille durant
ma maladie. Je redoutais aussi de découvrir mes propres
lacunes, mes erreurs et l'inadéquation de mon soutien
auprès des personnes dépressives de mon entourage.

Mais comme cette lecture m'a fait du bien! Dans
Vivre avec une personne dépressive, le docteur Bexton
explique, en termes faciles à comprendre, les dépressions
unipolaire et bipolaire. Avec beaucoup de respect autant
pour la personne malade que pour ses proches aidants,
il nous aide à comprendre qu'il s'agit réellement
d'une maladie et non pas, comme on le pense souvent,
d'un manque de motivation ou de volonté, d'un pur
désœuvrement ou d'un refus de contrôler son irritabilité.

La dépression est une maladie sournoise et subtile. Même
lorsqu'elle en connaît les symptômes la personne malade
elle-même éprouve souvent des difficultés à comprendre ce
qui lui arrive. Que dire alors de la difficulté pour ses proches
de subir tout l'impact de la maladie? Que dire de l'exigence
pour eux de s'ajuster au début de la maladie, et de toute la
gamme des émotions qui s'emparent d'eux comme la
tristesse de voir l'autre malade, la peur d'être maladroit,
l'impuissance, l'inquiétude, la rage, l'incompréhension
face à certaines réactions et parfois même la honte?

Dans ce livre, le docteur Bexton nous montre comment demeurer proche de l'être aimé souffrant tout en évitant d'être aspiré par sa détresse. Il nous enseigne comment continuer à vivre sa propre vie sans avoir l'air de se désintéresser de celle de la personne malade. Il nous donne aussi des outils pour l'accompagner dans cette épreuve.

Le soutien de l'entourage est d'une importance capitale dans le rétablissement d'une personne atteinte de dépression. La présence et la patience de mon époux m'ont beaucoup aidée à me remettre de cette maladie. Il continuait à croire en moi alors que j'avais complètement perdu confiance en mes capacités, à m'aimer alors que je ne m'aimais plus. Mes fils m'ont aussi manifesté leur affection de plusieurs façons tout au long de cette maladie. Grâce à eux, le chemin a été moins long vers la guérison.

À mon sens, l'un des plus grands mérites de cet ouvrage est de nous décharger de ce lourd fardeau qu'est la culpabilité, tant la culpabilité de la personne malade devant son état que celle des proches face à leur impuissance.

Au moment de refermer ce livre, mes appréhensions du début avaient complètement disparu. J'avais surtout assimilé que je ne pouvais absolument pas me blâmer pour cette dépression. La culpabilité a cédé le pas à une nouvelle compréhension.

Si la Vie devait faire en sorte que je sois à nouveau atteinte de dépression, j'aimerais que mes proches aient lu *Vivre avec une personne dépressive*.

Jocelyne Monty,
Présidente du conseil d'administration
Fondation des maladies mentales

La dépression est une maladie sournoise. Elle s'invite sans prévenir. Elle peut frapper n'importe quand. Mais aussi n'importe qui. Ses victimes deviennent méconnaissables alors même que leur apparence physique demeure inchangée. Elles sont l'ombre d'elles-mêmes. Leur joie de vivre, leur dynamisme, leur créativité, leur capacité relationnelle, mais aussi leur sommeil, leur appétit, tout y passe. La solitude se fait pesante et l'inquiétude s'installe : est-ce que je vais m'en sortir un jour? Comment?

Au Québec en ce début de troisième millénaire, une personne sur six est victime de ce qui est une des plus grandes causes de détresse dans la vie. On estime que près de 40 % des absences au travail sont reliées à la dépression. Les coûts directs et indirects attribués à la maladie comme les soins, l'absentéisme, le « présentéisme » c'est-à-dire la baisse de productivité de ceux qui sont malgré tout au travail, le manque à gagner, sont évalués à environ 30 milliards de dollars chaque année au Canada.

La dépression est un problème majeur de santé publique.

Ce livre n'est pas destiné d'abord aux victimes de la dépression, mais comme son titre l'indique, aux personnes de leur entourage. Si environ 15 % de la population est directement aux prises avec la maladie, cela signifie que c'est près de la moitié de la population qui est affectée quand on pense aux conjoints, aux enfants, aux amis et aux collègues des personnes malades.

Il est rare que les proches des malades soient préparés à faire face adéquatement à la situation. Certains vont, tout comme les malades, commencer par nier l'évidence et penser que c'est une mauvaise passe et qu'avec le temps tout va s'arranger. D'autres vont se sentir menacés, d'autres encore seront angoissés en se découvrant bien dépourvus pour faire face convenablement à la maladie qui bouleverse la vie d'un de leurs proches et risque de les entraîner eux-mêmes dans son tourbillon.

Que faire face à cette maladie difficile, incapacitante? Comment être une présence réconfortante et utile sans y laisser sa peau?

Malgré le caractère technique de sa première partie, ce livre a une visée pratique. Il a été écrit pour ces femmes et ces hommes courageux qui, sans l'avoir choisi, vivent au quotidien avec une personne dépressive. Il vise à leur donner des clés pour que par leur présence ils puissent aider les malades à reprendre le chemin de la vie, mais aussi pour qu'eux-mêmes n'arrêtent pas de vivre pendant que l'autre lutte pour se rétablir.

Dans un premier temps, après avoir distingué la dépression des simples (mais souvent douloureux) épisodes de déprime et de l'épuisement professionnel, nous énumérerons et décrirons les principaux symptômes de la dépression et des troubles bipolaires. Poussant plus loin, nous essaierons de comprendre, au chapitre 2, ce qui ne fonctionne pas dans l'organisme de la personne dépressive et de décrire les traitements aujourd'hui disponibles, avant de terminer en disant un mot de l'efficacité de ces traitements, dont nous ne cacherons pas qu'elle est encore relative dans l'état actuel de la recherche et de la pharmacologie. Bien que nous ayons cherché à les rendre le plus concrets possible, ces trois premiers chapitres pourront paraître arides à certains lecteurs. Nous les encourageons à les lire attentivement, lentement s'il le faut, convaincu que comme le dit l'adage, « rien n'est plus pratique qu'une bonne théorie ».

On peut tellement mieux aider quand on comprend ce qui se passe.

Si la personne du malade occupe le devant de la scène dans la première partie, elle passe à l'arrière-plan dans la seconde. Cette section est consacrée aux proches, que l'on appelle souvent les *aidants naturels*. Deux chapitres structurés autour de quatorze verbes, c'est-à-dire quatorze actions concrètes : soupçonner que ça peut être une dépression, se rappeler que c'est une maladie, échapper au cycle infernal, accueillir et valider, amener à consulter, soutenir dans le traitement, maintenir la communication, éviter les confrontations inutiles, participer à la thérapie, mettre ses limites et les (faire) respecter, accepter toutes ses pensées, se garder de la culpabilité, renoncer au fantasme de la toute puissance, aller chercher du soutien.

On le voit, ce n'est pas vrai qu'il n'y a rien à faire.

On pourrait ajouter un quinzième verbe : garder confiance. Il y a de la vie pendant la dépression, il y en a encore davantage après. Vivre avec un proche dépressif, c'est très souvent une extraordinaire occasion d'apprendre, d'où on sort grandi. Comme la personne dépressive elle-même, les proches apprennent beaucoup sur eux-mêmes et sur des pièges dans lesquels on était jusque là coincé et dont on se libère. On apprend beaucoup sur la vie, sur ce qui a du prix dans la vie, sur la distinction entre ce qui est essentiel et ce qui est secondaire. On apprend à se mieux connaître et à mieux communiquer. La proximité généreuse et l'effort de se comprendre rapproche les personnes. La relation peut en ressortir plus purifiée de modes de communication qui n'étaient peut-être pas adéquats et que le traitement permet de rectifier.

Nous ne le cacherons pas, c'est un rude moment à passer. Ce livre a été écrit pour que avertis de la dynamique et des mécanismes de la tempête et des écueils menaçants, tous échappent au naufrage et arrivent au port plus dépouillés, sans doute, mais plus forts. Et plus heureux.

PREMIÈRE PARTIE
SAVOIR ET COMPRENDRE
CE QUI SE PASSE

chapitre 1

La dépression : ce qu'elle n'est pas, ce qu'elle est

Il est difficile de vivre ou de travailler avec quelqu'un qui a fréquemment ou continuellement le moral dans les talons. Vient un moment où on n'en peut plus. On touche ses limites et on fait face à son impuissance. Il faut parfois en arriver là pour se questionner, s'informer ou demander de l'aide pour soi-même. Et, peut-être, lire ce livre.

Nous allons commencer par distinguer tout de suite des états qu'on peut facilement confondre quand on s'en tient à des observations superficielles. Dans ce livre, nous parlerons très peu de la déprime et du *burn-out*, mais beaucoup de la dépression et de la maladie bipolaire. Nous pensons que le simple fait de savoir ce qui se passe, de le nommer et de le comprendre peut avoir un grand effet libérateur face à l'inquiétude que suscite toujours l'inconnu.

La déprime

Ce qu'on appelle familièrement la déprime, c'est une réaction provoquée par des événements pénibles ou des situations difficiles. Elle peut être intense, mais elle est généralement passagère. La déprime n'est pas une maladie. La personne déprimée peut manifester des symptômes qui font penser à la dépression. Elle manque d'intérêt et d'énergie, elle a des idées noires, elle est portée à se lamenter : « ça ne file pas », « je ne suis pas dans mon assiette » Mais à la différence de la dépression, qui dure habituellement quelques mois, la déprime ne dure pas très longtemps et ses symptômes sont moins sévères que dans le cas d'une vraie dépression.

La déprime est habituellement occasionnée par un événement ou une succession d'événements désagréables qui nous contrarient. On manque son autobus deux matins de suite, on tombe dans un embouteillage en se rendant à un rendez-vous important, on subit dix jours consécutifs de grisaille et de pluie, et voilà qu'on trouve que le monde va mal et que la vie n'est qu'une succession d'ennuis et d'embêtements. Mais il suffit souvent de passer un week-end ensoleillé, de sortir prendre un verre avec des amis ou de se donner un petit coup de pied au derrière pour se sentir mieux, de nouveau positif et de bonne humeur.

Des événements plus sérieux, une séparation ou une peine d'amour, par exemple, vont occasionner un épisode de déprime plus long, plus intense, avec des insomnies, des larmes et du repliement sur soi. C'est une réaction normale de l'organisme. Heureusement, toutes les personnes qui se séparent ne font pas une dépression. Si elles ont un bon réseau d'amis, une occupation qui les intéresse, la possibilité de se changer les idées de temps en temps, elles vont s'en sortir sans avoir été fragilisées.

Le burn-out

Stella, épuisée, retrouve Robert au bar de l'hôtel où ils ont passé la journée dans une séance de négociations très serrée. Je n'en peux plus, dit-elle, si ça continue je vais y laisser ma peau. Je dors mal, à vrai dire je dors de moins en moins. À la maison, je deviens parfois tellement impatiente… À la fin du week-end, ça va un peu mieux, mais dès que je repense aux dossiers qui nous attendent et à notre point sur le statut des surnuméraires qu'il est bien peu probable que nous gagnions, j'ai une boule là et je deviens toute crispée.

Stella est en *burn-out*, ou pas loin. Le *burn-out*, c'est comme une dépression qui serait liée spécifiquement à la situation du travail. C'est pour cela qu'on l'appelle aussi l'épuisement professionnel. Il y a une quinzaine d'années, on me disait très souvent : « Docteur Bexton, je fais un *burn-out*. » Ça faisait noble, c'était presque valorisant. « Je souffre d'épuisement pro-fes-sion-nel. J'ai mené le bateau à bon port, j'ai fait de mon mieux, j'ai tout donné, et là, je craque. » Donnons quelques exemples. Imaginons un policier qui doit faire la patrouille seul plutôt qu'à deux dans un milieu difficile et dangereux. Le stress continuel peut en venir à provoquer chez lui un grave ennui de santé. Juste à l'idée de remonter dans la voiture de patrouille ou à la vue de son uniforme, il a la nausée.

Prenons encore des personnes qui travaillent quotidiennement auprès de gens très malades en institution psychiatrique. C'est un travail très difficile : les malades sont isolés, souvent repliés sur eux-mêmes, ils font des selles sur les murs… Les divers intervenants sont confrontés à ces situations limites jour après jour, et ils se sentent impuissants à bien gérer ça.

Et ce n'est pas plus facile avec la désinstitutionnalisation. Au cours des années 1970, à la suite de quelques expériences heureuses de psychiatrie dans la communauté et grâce à l'arrivée de nouveaux traitements, on a réussi à sortir plusieurs personnes des institutions et à les mettre dans des résidences « en ville ». Quelques années plus tard, on a eu l'idée d'aller plus loin et de sortir les déficients des résidences pour les mettre en appartements. C'était un projet intéressant qui a permis à plusieurs personnes de s'épanouir.

Mais bien sûr, les meilleurs projets ne répondent pas toujours aux attentes des intervenants, qui sont des gens qui croient beaucoup à la libéralisation et veulent vraiment favoriser une plus grande autonomie et une plus grande dignité chez les personnes déficientes. Dans les faits, ça ne fonctionne pas toujours bien et certains malades sont amenés à l'urgence parce qu'ils ont de graves troubles de comportement. Et les voilà revenus aux institutions. Rien d'étonnant à ce que certains intervenants se retrouvent en dépression et doivent consulter à leur tour. Mais ce n'est pas vraiment une dépression. C'est le *burn-out*. Ils composent mal avec le fait que le projet auquel ils croient tellement ne fonctionne pas comme ils l'imaginaient

Revenons un moment à Stella et Robert engagés dans une négociation en milieu de travail. C'est une sorte de guerre qui implique un niveau de stress élevé. Parce que Robert mène des négociations depuis des années, il a appris avec le temps à défendre les intérêts des groupes qu'il représente et à vivre tout cela avec un certain détachement ; ce n'est pas lui qui va être écrasé advenant une perte. Il va faire le mieux possible, il va travailler sur les mécanismes, les contacts, le lobbying, tout ça, pour que ça fonctionne. Mais s'il échoue sur un aspect, « il ne va pas en faire une dépression » comme on dit familièrement. Pour Stella, au contraire, cette négociation est LA

> Le burn-out, c'est comme une dépression qui serait liée spécifiquement à la situation du travail.

bataille de sa vie! Elle est très impliquée et pour elle, c'est comme tout ou rien. Le détachement n'est pas là. C'est comme si elle portait le syndicat sur ses épaules et se sentait tellement responsable que c'est son identité même qui est engagée là. Alors elle risque de s'épuiser et en cas d'échec ou même de victoire seulement partielle, elle est plus exposée à s'effondrer. C'est pour ça qu'on dit « épuisement » professionnel. Ce n'est pas vraiment une dépression, mais si on n'y prend pas garde, ça peut se transformer en dépression.

Les personnes qui souffrent d'épuisement professionnel présentent certains des symptômes d'une dépression. Cependant, si elles partent en vacances une semaine ou deux, tout se passe très bien, elles en profitent et ça leur fait du bien. La personne dépressive qui part en vacances au contraire revient encore plus déprimée, n'ayant éprouvé aucun plaisir, ce qui lui prouve encore qu'il n'y a pas d'espoir possible.

Pour soigner les personnes qui souffrent de *burn-out*, c'est du côté des attentes que la personne nourrit par rapport à sa tâche et ses responsabilités qu'il faudra travailler, car elles sont parfois trop élevées ou irréalistes, qu'elles aient trait aux résultats escomptés de son travail ou aux exigences de performance que la personne s'impose à elle-même.

La dépression unipolaire

À la différence de la déprime ou du *burn-out*, la dépression unipolaire est une véritable maladie qui dure en moyenne environ un an. C'est une maladie sournoise qui affecte beaucoup les personnes atteintes, qui sont souvent des personnes très actives au travail. Il ne faut pas penser que parce qu'elles manquent subitement d'intérêt, d'énergie et de motivation, les personnes dépressives sont des personnes paresseuses ou oisives. Ce sont des personnes malades.

Des symptômes de la dépression unipolaire

« Non, merci, je n'irai pas jouer au golf avec vous autres. Je n'en ai pas l'énergie. Je ne comprends pas ce qui m'arrive, raconte Bernard. Je suis tellement fatigué… Je suis fatigué parce que je ne dors plus et je ne dors plus parce que je suis trop fatigué. Naturellement, cette fatigue m'empêche d'être aussi productif qu'avant au bureau ce qui me stresse et… m'empêche de dormir. »

BERNARD

On tombe relativement rapidement en dépression. C'est généralement l'affaire de quelques semaines. Les symptômes sont plus intenses et soutenus que dans un simple épisode de déprime. Par exemple, on a de la *difficulté à s'endormir*, ou *on s'éveille très tôt* le matin, parfois au milieu de la nuit, sans pouvoir retrouver le sommeil. Inversement, certains dépressifs dorment davantage, disons douze à quatorze heures. C'est ce qu'on appelle une dépression atypique.

Ce qui est caractéristique de la dépression, c'est que même quand on a dormi douze heures, on se réveille fatigué. On n'est pas reposé.

Un autre indice de la dépression, c'est la *perte d'appétit*. On n'a plus envie de manger. Il n'est pas rare qu'une personne perde jusqu'à 10 % de sa masse corporelle en un mois. Il en va de même pour l'appétit sexuel, la *libido*. Comme la personne dépressive perd l'intérêt pour tout, elle perd aussi l'intérêt pour l'activité sexuelle. La libido implique la relation avec une autre personne, un autre « objet » comme on dit en psychanalyse, mais là, la personne dépressive n'a envie de rien. Elle n'a plus d'énergie. Alors il lui arrive de se replier sur elle-même et de diminuer ses interactions avec son entourage.

Perte de sommeil, perte d'appétit, *manque d'intérêt* aussi. Bien sûr, quand on traverse une période de déprime, voire même tout simplement quand on est grippé, on n'a pas envie de faire grand chose, mais on sait que la semaine suivante ou dans un mois, on aura envie de faire des choses. Une personne en dépression, elle, n'entrevoit rien de positif quand elle regarde l'avenir. Elle a facilement l'impression qu'elle ne s'en sortira jamais, et puisque la dépression peut se prolonger plusieurs mois, plus le temps passe, plus elle se décourage.

Autre symptôme de dépression : la *difficulté à se concentrer*. C'est comme si les fonctions cognitives étaient affectées. Par exemple, face à des questions simples comme « On est quelle date aujourd'hui ? », les personnes dépressives vont être portées à dire « Je ne sais pas, je n'ai pas de calendrier… – Oui, mais à peu près quelle date ? – Je sais pas, le 8 janvier… » (qui est tout à fait la bonne date). Ou si on leur demande ce que font 100-7, elles pourront dire « Je ne sais pas, ça me prendrait une calculatrice, un crayon… » Si on insiste : « Oui, mais à peu près combien ? », elles répondent correctement : « 93 ». Ce n'est pas tellement que le contact avec la réalité soit affecté, c'est que quand la maladie est plus intense, la personne a tendance à amplifier son incapacité à donner la réponse.

Un autre signe qu'une personne souffre de dépression, c'est qu'elle a *des idées noires*. La plupart des gens sont habituellement plutôt optimistes face à la vie. Même s'ils ont une maladie, un problème, ils se disent que ça ira mieux la semaine prochaine ou dans deux mois. Mais une personne en dépression est vite découragée. Elle ne voit pas la possibilité d'en sortir. De plus, elle se sent souvent très coupable. « Ça ne va pas, je ne dors pas, j'ai perdu 10 kilos. Et puis tu sais, ma mère est morte l'an passé et je suis sûre que c'est de ma faute. Je n'étais pas gentille avec elle, elle est morte le cœur brisé à cause de moi, c'est moi la cause, je ne suis pas bonne… Et puis il y a cinq ans j'ai fait une erreur dans ma déclaration d'impôts, il

Principaux symptômes de la dépression

· Problèmes de sommeil
· Perte d'appétit
· Perte de libido
· Repli sur soi
· Manque d'intérêt
· Baisse d'énergie
· Problèmes de concentration
· Idées noires
· Idées suicidaires

y a dix ans j'ai trompé mon mari… » Et voilà qu'elle se sent tellement coupable qu'elle va aller jusqu'à avouer ses péchés… C'est important de soigner sa dépression avant d'avouer ses péchés. S'exposer à voir débarquer le fisc, ou le mari… ce n'est peut-être pas la meilleure façon de gérer ça!

Un aspect qui préoccupe beaucoup ceux qui vivent avec une personne qui souffre de dépression, et elles ont raison de s'inquiéter, c'est que ses idées noires peuvent lui faire *perdre espoir ou confiance en la vie*. Il est démontré qu'au moins 60 % des personnes en dépression, donc pratiquement deux sur trois, pensent à la mort. « À quoi bon vivre? Je suis un poids pour les autres comme pour moi-même. Aussi bien mourir. Si je pouvais avoir une maladie ou mourir d'un accident, ce serait fini. J'aimerais mieux que le Bon Dieu vienne me chercher ». Ça, ce sont les pensées passives, si on veut. Mais il y a la terrible face active de cette perte de confiance : « Aussi bien m'enlever la vie ».

C'est *la pensée du suicide* qui se présente. Il est extrêmement important pour les proches d'évaluer le risque du suicide et pour cela, il est utile d'en connaître les phases. Dans un premier temps, la personne se dit : je pourrais me suicider. Puis, elle en vient à se dire : de quelle manière pourrais-je me suicider. Ça devient ensuite un projet, puis un acte, complété ou non. Je me rappelle cet homme rencontré à l'urgence de l'hôpital et qui était complètement découragé, sur le plan affectif. Sa femme lui avait appris qu'elle l'avait trompé, puis elle était partie en voyage. Très découragé, il s'était mis une corde autour du cou pour se pendre. Mais le plafond n'était pas très élevé et ses pieds touchaient un peu par terre ; vite il s'est rendu compte de ce qui arrivait et a senti, en lui, qu'il ne voulait pas vraiment mourir. Il s'est relevé et est venu demander de l'aide. Malheureusement, d'autres vont jusqu'au bout et se pendent, s'intoxiquent, se jettent en bas d'un pont et se noient…

Il se fait depuis quelques années un immense travail pour essayer d'arrêter ça. Si on ne peut pas toujours arrêter le geste, on peut au moins travailler à le rendre plus difficile ou improbable, ce qui permet d'espérer qu'un plus grand nombre de personnes qui ont des idées suicidaires ne passeront pas à l'acte et s'étant fait soigner, reprendront pied dans la vie. Le contrôle des armes à feu, par exemple, peut indirectement prévenir certains suicides. À Montréal, on a installé le long des trottoirs du pont Jacques-Cartier une barrière d'une rive à l'autre du fleuve. Les gens ont réagi de différentes manières à cela. Certains ont dit : s'ils ne se jettent pas dans l'eau ici, ils vont aller au pont Victoria… Mais si on a pu arrêter juste là le geste de certains, ils auront une chance de récupérer. Car c'est dramatique : le suicide est, on le sait, une des premières causes de mortalité chez les jeunes.

Il peut y avoir bien des raisons de vouloir mettre fin à ses jours. Une personne impliquée dans une fraude apprenant que les policiers viennent l'arrêter peut se suicider parce qu'elle se sent incapable de faire face publiquement à la honte. C'est une blessure narcissique. Ou encore, au moment du krach boursier de 1929, plusieurs personnes qui sont passées en quelques heures du statut de millionnaire à la pauvreté se sont suicidées. Il y a aussi les suicides d'honneur, comme au Japon, les attentats suicide au Moyen-Orient… Mais en règle générale, il semble que chez nous, 80 % à 90 % des suicides sont reliés à une maladie mentale, comme la schizophrénie, ou surtout à la dépression.

C'est donc une question très grave. On estime qu'au moment où je vous parle, environ 5 % de la population vivrait ou combattrait une dépression. Ça veut dire, au Québec, plus de 300 000 personnes. Approximativement. Et si deux sur trois pensent à la mort, peut-être au suicide, ça fait 200 000! Heureusement, 99 % ne passeront pas à l'acte. Moins de 1 %, donc 1 300 ou 1 400 complètent le suicide. Mais c'est déjà beaucoup, beaucoup trop.

Voilà donc une liste de symptômes de la dépression. Dans les pires des cas, on voit à l'urgence des hôpitaux des gens dans des états

On estime qu'environ 5 % de la population vivrait ou combattrait une dépression. De ce pourcentage, deux personnes sur trois penseraient à la mort.

extrêmes, en état de stupeur, ça peut même arriver à la catatonie, c'est-à-dire l'absence ou le refus de contact avec les autres, la passivité, l'immobilisme total.

Heureusement, tout le monde ne présente pas tous ces symptômes! Une personne pourra présenter des troubles physiques comme des migraines, des problèmes intestinaux ou des malaises cardiaques, selon son point sensible.

Enfants et adolescents dépressifs

L'école, comme le milieu de travail pour les adultes, est souvent le lieu où apparaissent les premiers signes qui invitent à soupçonner un état dépressif chez un jeune. Bien des raisons sans doute peuvent expliquer une baisse du rendement scolaire ou même le décrochage, mais lorsqu'on observe la présence d'autres indices, comme de soudains troubles du sommeil ou de l'appétit, une baisse d'énergie qui se prolonge, l'absence de plaisir, des troubles de concentration, un isolement excessif, du découragement, des idées suicidaires ou des gestes d'automutilation, il serait prudent de soupçonner une maladie et de consulter. C'est aussi à l'adolescence, période faite souvent de passages d'un extrême à l'autre, que se manifestent les premiers signes d'une maladie bipolaire.

Enfants et adolescents vivent la dépression d'une manière différente des adultes parce que leur vie est différente. Ils ne portent sans doute pas la responsabilité de faire vivre une famille, mais ils peuvent plus difficilement s'isoler que les adultes puisque maman ou papa peut faire intrusion dans leur chambre même s'il est écrit sur la porte « On n'entre pas ici ». Des jeunes vont décrocher intérieurement, en prenant de la drogue, par exemple, parce que les drogues leur permettent d'échapper à cette pression. Bien sûr, la consommation de drogues n'est pas nécessairement un signe de dépression, pas plus que l'isolement ou la communication minimale avec les parents, qui sont des traits typiques de l'adolescence. Le problème c'est qu'on ne voit que les comportements, sans savoir vraiment ce qui se passe à l'intérieur. Il n'existe malheureusement pas de « psychoscope » et comme on sait, les parents dont un jeune s'est suicidé se culpabilisent souvent de « n'avoir rien vu venir ». Il est donc très difficile pour des parents, mais aussi pour les frères et sœurs, de même détecter la présence de la maladie. Voilà pourquoi il est si important de consulter.

En conclusion, rappelons qu'il n'existe pas de symptômes spécifiques ou évidents de la dépression. C'est la présence de plusieurs des symptômes que nous venons d'énumérer et leur convergence qui peut mettre un professionnel de la santé sur la piste d'un diagnostic de dépression unipolaire ou bipolaire. Mieux vaut donc ne pas « jouer au docteur » et se risquer à faire seul pareil diagnostic pour soi ou pour un proche, car il peut y avoir bien des raisons qui expliquent une perte de poids ou d'inhabituelles nuits d'insomnie.

Des causes de la dépression unipolaire

Mais alors, *qu'est-ce qui cause la dépression ?* Qu'est-ce qui fait qu'une personne qui fonctionnait bien peut voir sa situation se détériorer en quelques semaines ? Il y a plusieurs facteurs possibles, que l'on peut regrouper sous trois catégories : l'environnement ou les événements, notre propre psychologie dont notre histoire familiale, et les changements biologiques.

L'environnement ou les événements. C'est souvent un événement perturbant qui déclenche la dépression, comme un deuil ou la perte d'un emploi, ce qui peut malheureusement arriver à n'importe qui. Parfois, cet événement du présent vient réactiver un événement traumatisant du passé. Une séparation amoureuse, par exemple, peut disposer à la dépression si elle vient réveiller un sentiment d'abandon qui a marqué l'enfance. Pourtant, toutes les personnes qui perdent un être cher ou un emploi, ou qui ont été abandonnées, ne font pas une dépression et au contraire, bien des personnes qui n'ont pas été abandonnées, qui ont été entourées d'affection et qui ont réussi des choses « tombent » en dépression. Des événements traumatisants n'expliquent pas à eux seuls la dépression.

Notre psychologie propre. Certaines personnes ont des traits de personnalité qui les exposent davantage à faire une dépression. C'est le cas, par exemple, des perfectionnistes qui ont des exigences élevées et rigides par rapport à la réussite de ce qu'elles entreprennent ou par rapport à un idéal personnel. Elles veulent toujours donner 100 %, on entend parfois « donner leur 110 % » ! Pour elles, réussir à 90 %, c'est un véritable échec qu'elles ont peine à se pardonner. Dans un autre domaine, les personnes qui ont été victimes d'événements traumatisants ou de carences dans leur enfance sont plus vulnérables. Elles sont un peu comme un petit chien ou un petit chat qui a été maltraité et qui demeure toujours craintif. Elles sont sur leurs gardes, sont facilement méfiantes et portées à interpréter comme une menace des comportements assez anodins ou neutres. Elles sont donc continuellement en état de stress.

Les changements biologiques. Enfin il existe des prédispositions qui peuvent être d'ordre biologique. Comme la plupart des maladies, la dépression est une maladie familiale. On sait que s'il y a dans une famille une histoire de cancer, ou une histoire de problèmes cardiaques, le médecin va surveiller cela de plus près. De même, si l'on a une histoire familiale de dépression, les possibilités sont plus élevées que l'on présente des symptômes de dépression.

Il y a des formes de dépression directement liées aux facteurs biologiques. La plus connue est probablement le *baby blues*, la déprime qui suit fréquemment un accouchement. Dans certains cas, cette déprime normale s'aggrave et devient une véritable dépression *post-partum*. Cela se produit suite à une baisse importante des hormones œstrogènes, qui ont un grand effet antidépresseur, et dont le taux a été très élevé pendant neuf mois. Mais comme nous le verrons plus loin, on soupçonne que pratiquement toutes les dépressions sont liées à des changements chimiques au niveau des neurotransmetteurs.

Bref, la dépression peut frapper n'importe quand, n'importe qui. Ça peut arriver chez des enfants, bien qu'en général quand la dépression frappe des personnes plus jeunes, ce soit dans le cadre d'une maladie bipolaire. Ça arrive aussi aux personnes âgées, qui s'aperçoivent, par exemple, qu'elles ont perdu leur capacité de concentration. Souvent elles pensent que c'est un problème lié au vieillissement et ne consultent pas pour une dépression, ce qui fait qu'on ne peut alors améliorer leur condition.

Quelques conséquences de la dépression

Il faut savoir qu'une fois qu'on a fait une dépression, on reste fragile et vulnérable. Le risque de récidive, c'est-à-dire de faire une deuxième dépression, est de l'ordre de 50 %. Si on a fait deux dépressions, le risque d'en faire une troisième monte à 70 %. Si on en a fait trois, le risque de récidive grimpe à 90 %. On le voit, ça peut devenir un problème chronique.

Heureusement, quand on traite bien la maladie au début, les risques d'en faire une autre diminuent. Si on a été bien traité, les risques de rechute ne sont que de 25 %. Mais lorsqu'on ne traite pas la dépression, qu'on laisse traîner et que des symptômes persistent, alors les risques de récidive plus tard grimpent jusqu'à 75 % !

D'où l'importance de se faire soigner le plus tôt possible. Mais c'est loin d'être évident car il est souvent difficile d'admettre qu'on a besoin d'aide. Disons qu'une personne qui fonctionnait très bien jusque là se mette soudain à se sentir de plus en plus mal, même si ça va bien dans sa famille ou au travail. Elle ne peut identifier aucune raison précise pour laquelle elle va pourtant de moins en moins bien. Son réflexe normal, ce sera de commencer par lutter. Elle va se

> Quand on traite bien la maladie au début, les risques de rechute ne sont que de 25 %.

dire « Donne-toi un coup de pied au derrière » et fera des efforts parfois très grands pour rester positive et se changer les idées. Les hommes surtout vont combattre énergiquement et nier longtemps leur nouvel état parce que dans notre culture, un homme c'est fort, ça sait quoi faire, ce n'est pas démuni. Les hommes vont plus facilement se dire « C'est seulement parce que je suis fatigué, ça va passer… Quand j'aurai fini tel dossier, ça ira mieux. » Pendant ce temps ils ne demandent pas d'aide.

Pourtant les personnes déprimées ont besoin d'aide car elles sont – et se sentent vraiment – dans une impasse. En anglais, on dit *hopeless, helpless, worthless* : je n'ai aucun espoir, je suis impuissant à changer ma situation, je ne vaux rien. La maladie s'est glissée en elles d'une manière insidieuse. Il arrive à des personnes dépressives de décrire leur état comme si une bête s'était emparée d'elles : « J'ai la Bête en moi », disent-elles, ou quand ça revient, « Je la sens qui s'approche, qui revient », ce qui naturellement génère un surplus d'angoisse.

Alors comment peut-on traiter « la bête »? Il y a toutes sortes de traitements possibles. Dans certains milieux africains, on essaie de faire sortir le démon. Il y a 75 ou 100 ans, au Québec, on partait se reposer à la campagne : on allait chez un oncle ou une sœur et après quelques mois de repos où on prenait des marches et on donnait un petit coup de main à la ferme, on se sentait mieux. Aujourd'hui, cette solution est plus difficile, voire impossible. Nous reviendrons plus loin sur cette question du traitement.

Les troubles bipolaires

À côté de la dépression unipolaire se rencontrent les troubles bipolaires, longtemps connus sous le nom de maniaco-dépression. Avouons qu'entendre « maniaque » dans « maniaco-dépression » faisait vraiment peur! Si aujourd'hui on parle de troubles bipolaires, c'est que pour les personnes qui en souffrent, l'humeur oscille entre deux pôles : elles ont des hauts et des bas. À la différence de la dépression unipolaire – un seul pôle – où la personne demeure absorbée dans une humeur sombre et privée de son énergie naturelle, comme nous venons de le voir, la personne qui souffre de troubles bipolaires alterne entre le pôle de l'excitation, de l'exaltation, de l'énergie intense et de l'euphorie, et un deuxième pôle, celui de l'abattement et de la perte d'énergie. Heureusement, on parle de plus en plus ouvertement de cette autre maladie que des organismes spécialisés (voir les ressources à la fin du livre) travaillent à démystifier par des tournées, des conférences, des témoignages, des dépliants, si bien que les mentalités sont maintenant en train de changer.

On estime qu'environ 4 % de la population souffre de troubles bipolaires.

> À la différence de la dépression unipolaire – un seul pôle – la personne qui souffre de troubles bipolaires alterne entre le pôle de l'excitation, de l'exaltation, de l'énergie intense et de l'euphorie, et un deuxième pôle, celui de l'abattement et de la perte d'énergie.

Il existe plus d'un type de troubles bipolaires : les troubles bipolaires de type I, les troubles bipolaires de type II et les autres. Le trouble bipolaire de type I se caractérise par l'alternance entre des phases de manie, où la personne atteinte est vraiment *flyée*, et des phases de dépression. C'est facile à observer, ça ne prend pas un diplôme pour le reconnaître. Le trouble bipolaire de type II se caractérise par l'hypomanie, c'est-à-dire que la « manie » y est moins intense : la personne ne vit pas avec des hauts à 150 et plus, mais roule à 120, avant de tomber elle aussi dans des épisodes dépressifs.

Des symptômes d'un trouble bipolaire

Thuy n'arrive pas à s'endormir. Elle est au désespoir et au bord des larmes. Voilà une dizaine de jours que c'est reparti. Son copain Canh ne tient plus en place. Depuis qu'il a mis la main sur une base de données comportant plusieurs centaines d'adresses, il s'est mis dans la tête de faire une nouvelle campagne de publicité pour son bureau. Ça fait quelques nuits que Thuy le trouve debout à 3 h 30 du matin, rivé à son clavier d'ordinateur. Tout à l'heure, au moment d'aller dormir, elle lui a fait part de ses inquiétudes mais il a tout balayé du revers de la main. « Tu vois bien, dit-il, que je suis en superforme. C'est maintenant ou jamais qu'il faut faire cette publicité. Crois-moi, je sais ce que je fais. J'ai un très bon jugement. » Et il s'est endormi rapidement. Mais Thuy, elle, repense à l'an dernier, quand Canh s'était lancé dans de grandes dépenses dont il l'assurait que « selon son jugement », c'était la meilleure affaire de sa vie.

CANH

Un premier symptôme de la *manie*, c'est la sensation de bien-être, d'*euphorie*, souvent associée au fait d'être facilement *irritable*. Si la personne peut conduire à 150 sur l'autoroute, elle est comblée, mais dès qu'il y a un embouteillage ou des contrôles policiers, elle devient contrariée, impatiente et agressive. Autre symptôme : la *diminution du sommeil*. Au lieu de dormir huit heures ou plus, la personne se lève au bout de deux ou trois heures, reposée et prête à partir. Sous certains aspects, ça peut être quelque chose de magnifique. En phase de manie, les gens peuvent travailler efficacement 12, 16 heures, 18 heures par jour, ce qui peut être très bien si on est un entrepreneur qui monte une entreprise ou si quelqu'un doit écrire un rapport urgent.

On dort moins, on travaille davantage, *on est plus vif* aussi. *On parle beaucoup* et les *pensées vont plus vite*, les idées se bousculent à une vitesse folle. Cela peut être bien pratique si on travaille dans une compagnie de publicité où il faut avoir rapidement beaucoup d'idées ! Dans une ligue d'improvisation, les bipolaires vont toujours gagner parce que les pensées vont plus vite. Mais ils peuvent rapidement se retrouver *éparpillés*.

Autre indice encore : les gens vont s'amuser davantage, *chercher plus* de plaisir, multiplier les sorties, les aventures, les jeux… Cela peut être bénéfique si la personne le vit avec modération. Mais quand c'est extrême, quand ça déborde, c'est la manie.

Principaux signes de manie dans les troubles bipolaires

· Euphorie ou irritabilité

· Diminution du sommeil

· Vivacité d'esprit parfois extrême et multiplicité d'idées

· Volubilité

· Éparpillement

· Recherche impérieuse de plaisir

· Jugement altéré

· Capacité de travail accrue

Il y a bien sûr des *degrés d'intensité*. Quand on est dans l'hypomanie, on roule plus vite que la normale, mais quand on est dans la manie, ça va extrêmement vite. Ça va *spinner*, comme on dit. Les gens vont parler plus vite, s'éparpiller, passer continuellement d'un dossier à l'autre. Quand elle atteint ce niveau, l'intensité n'est plus utile, la personne est vraiment « partie ». Elle peut en arriver à perdre complètement le contrôle. Le *jugement*, en particulier, devient *altéré* dans la phase manie du trouble bipolaire de type I. On peut faire comme Canh des dépenses excessives ou s'investir dans une relation ou un projet dans des proportions qui dépassent tout entendement.

Parfois, le manque de jugement est flagrant mais d'autres fois, le hasard peut contribuer à faire illusion sur l'opportunité d'une décision. Il y a des fortunes qui se font et se défont en bourse davantage en raison des circonstances que de la justesse des décisions qui ont été prises. Et si quelqu'un achète des billets de loterie pour un million de dollars puis emporte le gros lot de 23 millions, est-ce que ça fait de lui une personne qui a un bon jugement?

Le problème, c'est que les décisions prises dans une phase de manie ne sont pas nécessairement mauvaises ou déraisonnables. Il se peut que Canh ait vu très juste l'occasion d'affaires qui se présentait avec cette base de données. Ce qui inquiète Thuy, c'est l'accélération du rythme de Canh, que lui-même ne constate pas ou qu'il minimise. Cela illustre le fait que la dépression bipolaire de type I est une maladie paradoxale puisque quand la personne se sent très bien, tout son entourage s'inquiète de la voir aller et quand elle commence à déprimer, tout le monde est rassuré. À propos de quelqu'un de *flyé*, on dira : « Ah, ça va mieux, il déprime un peu. » Dans le cas d'une personne qui souffre de trouble bipolaire de type II, le haut passe très bien pour la personne et pour son entourage puisque l'intensité est minime. Personne ne s'alerte car elle est pleine d'énergie. C'est beau à voir. C'est après que vient le problème.

En effet, pour toutes les personnes affectées de troubles bipolaires, le problème c'est évidemment toujours le deuxième pôle, la phase de dépression. La personne en phase de manie inquiète les autres mais s'inquiète peu elle-même, sauf après coup. Elle peut alors se rendre compte qu'elle a acheté d'une manière impulsive une entreprise pour tant de millions, que son jugement altéré lui a fait commettre des erreurs, des gaffes et que cela lui a coûté cher.

Ce qui caractérise les troubles bipolaires, c'est donc l'enchaînement de cycles constitués de périodes de « manie », de périodes dépressives et de périodes de vie normale. Parfois, des gens viennent me voir et me disent : « Je viens vous voir docteur Bexton pour confirmer que je ne suis pas bipolaire! » Et j'ai envie de leur répliquer : « Moi, j'espère pour vous que vous l'êtes. Au moins, vous aurez du plaisir 10 % du temps! » Statistiquement, en effet, on estime qu'une personne qui souffre de troubles bipolaires passe environ 10 % de son temps en phase de manie, 40 % en phase dépressive et 50 % en vie à peu près normale. En général, la durée de la phase dépressive est plus courte que chez les personnes qui souffrent de dépression unipolaire. Mais ces chiffres doivent être maniés avec prudence. Il y a des cas extrêmes où des malades ont des périodes de manie aussi longues que les périodes de dépression sans pratiquement aucune période d'accalmie ou de vie « normale ».

Un diagnostic plus difficile à établir

Il est plus difficile de diagnostiquer la dépression bipolaire que la dépression unipolaire. Cela peut prendre de cinq à dix ans. Si on pouvait arriver à en détecter plus tôt des signes clairs, on pourrait avoir des interventions d'ordre préventif, ce qui diminuerait les risques de conséquences malheureuses comme l'échec scolaire, des décisions imprudentes, voire même le suicide.

Il est facile de comprendre pourquoi le diagnostic est plus difficile à établir car c'est à l'occasion de la phase dépressive que les personnes consultent. Ce n'est en effet pas quand elles

> On estime qu'une personne qui souffre de troubles bipolaires passe environ 10 % de son temps en phase de manie, 40 % en phase dépressive et 50 % en vie à peu près normale.

sont dans une phase de *high*, manie ou hypomanie, qu'elles vont s'inquiéter. Elles diront plutôt alors qu'elles ne sont jamais senties aussi bien ! Donc, comme ce sont leurs malaises dépressifs qui les amènent à consulter, le professionnel de la santé pense spontanément à leur proposer un traitement de la dépression unipolaire. Le médecin ou le psychologue averti peut cependant se rendre attentif à la présence, dans l'histoire du patient, de signes subtils et ténus, pas très explicites et révélateurs si on les prend un à un isolément. Ce qui permet le plus d'avoir des soupçons, c'est évidemment lorsque les périodes de manie se manifestent. Quand la personne se met à dépenser une énergie folle et multiplie les initiatives d'une manière déraisonnable, apparemment sans se fatiguer, quand il semble que rien ni personne ne peut l'arrêter, cela doit mettre la puce à l'oreille.

En ce sens, c'est le trouble bipolaire de type II qui est le plus difficile à reconnaître, car il est moins apparent. Dans le cas d'une dépression bipolaire de type I, quand le *high* arrive, l'entourage du malade s'en rend compte tout de suite. Ça saute aux yeux. Les erreurs de jugement de la personne sont flagrantes. Mais puisque la personne qui souffre de trouble bipolaire de type II a des phases d'hypomanie, c'est-à-dire qu'elle « roule » à 115 ou 120 et non à 150, son comportement fait moins retentir la sonnette d'alarme. Comme on n'observe pas de comportement extrême, aussi bien la personne malade que son entourage trouve que ça va bien : elle est de bonne humeur, elle est souriante et tout. Un patient peut rencontrer une nouvelle copine qui va le trouver vraiment fantastique, entreprenant, passionné, très présent… Il aura de petits manques de jugement qui pourront surprendre, mais ils sont moins flagrants que dans le cas d'un malade de type I.

Résumons. La dépression unipolaire et les troubles bipolaires sont des états maladifs qui doivent être diagnostiqués et traités. Et il sera très important de bien identifier si la personne souffre de troubles bipolaires ou de dépression unipolaire, parce que le traitement ne sera pas le même.

Mais que sait-on au juste de ce qui se passe dans l'organisme d'une personne dépressive? Le prochain chapitre, un peu technique et exigeant, va l'expliquer.

Personnalité limite *(borderline)* et dépression

Une personne souffre de troubles de personnalité limite lorsqu'elle a une vie émotive instable, est impulsive et se met facilement en colère. Elle n'a pas de limites ou les transgresse facilement. Dans cette instabilité, elle peut présenter des symptômes apparentés à ceux de la dépression, mais d'une moins longue durée. Naturellement, une personne qui a une personnalité limite peut aussi, comme tout le monde, faire une dépression majeure.

Certains traits de la personnalité limite font penser à la dépression bipolaire. Voici quelques indices pour les distinguer.

Une personne qui souffre de	Troubles de personnalité (borderline)	Troubles bipolaires
Début	Les premiers signes se manifestent après la puberté	Les premiers signes apparaissent avant la puberté
Histoire familiale	Souvent une histoire de carences affectives et d'abus physique et psychologique	Souvent une histoire de troubles bipolaires et de dépression
Types d'épisodes	Épisodes dépressifs à l'occasion mais pas de manie En lien avec des événements	Alternance d'épisodes dépressifs et de manie Indépendamment des événements
Stabilité	La personne est toujours instable	La personne connaît des périodes de stabilité entre les épisodes de manie et de dépression

On appelle **déprime** une réaction normale à un événement ou une succession d'événements désagréables, contrariants ou pénibles. Les symptômes s'apparentent à ceux d'une dépression, mais ils sont de courte durée. La personne affectée répond bien à la stimulation de son entourage.

On appelle **dysthémie** un état dépressif prolongé (deux ans ou plus) où la personne demeure fonctionnelle, mais au ralenti et sans plaisir. Il arrive fréquemment que cet état ne soit pas traité car ses symptômes ne sont pas aigus. La personne se dit : « Je suis comme ça », ou l'entourage dit : « On l'a toujours connue comme ça, c'est sa personnalité ». Mais n'étant pas traitées, chaque année environ 10 % des personnes souffrant de dysthémie vont faire une dépression majeure. Pour elles, ce peut être paradoxalement une chance car en traitant la dépression, on va contrôler en même temps la dysthémie.

On appelle **dépression majeure** une véritable maladie qui affecte à la fois la psychologie d'une personne, ses relations avec les autres et la neurochimie du cerveau. Si elle n'est pas traitée, elle dure plus de six mois, en moyenne 10 à 12 mois.

On parle de **dépression chronique** lorsque quelqu'un qui souffre de dépression majeure ne réagit pas complètement au traitement et que celle-ci se prolonge.

chapitre 2

La dépression :
comprendre ce qui ne va pas

Unipolaire ou bipolaire, la dépression est une maladie. Mais encore ? Quand on vit avec une personne dépressive, on a besoin de comprendre ce qui ne fonctionne pas. On accepte plus facilement les difficultés quand on les comprend et, par conséquent, on peut avoir une présence plus aidante auprès de la personne malade. Même si nous ne savons pas tout de la maladie, nous en connaissons tout de même assez pour pouvoir intervenir avec efficacité en combinant la dimension biologique et la dimension psychodynamique.

La dépression unipolaire
et ses facteurs biologiques

Il est généralement très utile de connaître les mécanismes biologiques à l'œuvre dans la dépression. Une bonne compréhension contribue très souvent à faire baisser la tension créée par les perceptions spontanées des personnes impliquées, qui sont portées à mettre tout de suite en cause la qualité de leurs relations parentales ou conjugales, des problèmes non réglés, le climat de l'équipe de travail, etc. Cela peut certes être un facteur, mais à la base, il y a des phénomènes qui relèvent de la chimie du cerveau. Voyons voir.

Le cortisol, une hormone très utile… qui peut devenir nuisible

On a mentionné plus haut la dépression *post-partum*, le *baby blues*, qui s'explique par une chute de la production d'œstrogènes qui ont un puissant effet antidépresseur. C'est une situation particulière qui ne touche que les femmes qui viennent d'accoucher. Un moment dépressif est aussi pour beaucoup de femmes une composante du syndrome prémenstruel, justement suite à une baisse d'œstrogènes.

Mais il y a une autre hormone qui affecte, celle-là, les hommes aussi bien que les femmes : le cortisol, qui est une hormone secrétée en situation de stress. On dit parfois de quelqu'un qu'il a eu une poussée d'*adréna-line* qui lui a donné une énergie extraordinaire dans une situation difficile. Effectivement, face à un stress engendré par une menace comme un accident de voiture, une explosion, une agression physique ou verbale, l'organisme libère instantanément une décharge d'adréna-line destinée à accélérer une situation nor-male : elle fait battre le cœur plus rapidement, augmente l'oxygénation et la tension artérielle et prépare pour la lutte… ou la fuite. Le *cortisol* est une autre hormone, complémentaire, qui a pour effet de différer une réaction normale.

Tout en agissant différemment, les deux hormones fonctionnent ensemble. Imaginons un voyageur impliqué dans une bagarre parce que quelqu'un cherche à lui voler son passeport. L'adrénaline lui donne l'énergie pour affronter son agresseur ou au contraire l'éviter et s'enfuir à toute vitesse. Mais supposons que ce voyageur soit frappé ou tombe en courant. Normalement, à l'endroit d'un choc il doit se produire rapidement une inflammation, un afflux de sang destiné à engager tout de suite le processus de guérison. Mais en situation de stress, le cortisol sera secrété pour empêcher et différer l'inflammation, parce que ce n'est pas le temps de guérir tout de suite. C'est le temps de combattre ou de fuir. Grâce au cortisol, la personne ne ressent même pas la douleur et elle peut continuer de faire face à la situation stressante. En situation de stress grave, le cortisol est donc une hormone très utile.

Mais chez certaines personnes qui y sont prédisposées ou chez celles qui sont soumises au stress pendant une très longue période, comme on le voit par exemple chez les militaires engagés dans des missions périlleuses ou qui les exposent à être témoins d'actes inhumains, le cortisol reste toujours à un niveau élevé. Si c'est bénéfique au début, cela produit un effet négatif sur le cerveau lorsque ça se prolonge. Le cerveau devient en quelque sorte prédisposé aux événements stressants. Il peut même en venir à avoir une prédisposition à interpréter tout événement comme une menace. Il se retrouve avec une moins grande plasticité pour affronter les événements difficiles.

La structure biologique du cerveau elle-même est alors attaquée. Le cerveau devient plus fragile. Si en effet on retarde sur une longue période la réaction de réparation, alors on a une perte au niveau des cellules aussi.

Entendons-nous bien : chez tout le monde le stress provoque une poussée de cortisol. Ce qui est derrière certaines dépressions, c'est qu'un équilibrage intérieur est compromis par la présence constante du cortisol en raison d'un stress élevé et continu.

Les neurotransmetteurs, des facilitateurs parfois défaillants

Le rôle des neurotransmetteurs dans le système nerveux est de faciliter la communication de l'information. Lorsqu'ils agissent normalement, le système nerveux fonctionne d'une manière efficace. On sait maintenant que la perte d'efficacité de certains neurotransmetteurs explique la dépression. Ces neurotransmetteurs sont la sérotonine, la noradrénaline et la dopamine.

La sérotonine. La sérotonine est un neuro-transmetteur qui contribue à *régulariser l'humeur* de la personne. Quand il y a une baisse relative de sérotonine, l'humeur devient plus sombre. La sérotonine est aussi responsable de l'*accalmie*, ce qui fait que lorsqu'elle baisse, la personne éprouve plus d'anxiété. La sérotonine est également responsable de *régulariser les pensées*. Quand elle est en baisse, la personne a plus d'obsessions, des pensées qu'elle n'arrive pas à chasser. Elle n'arrivera ni à raisonner, ni à éliminer, le besoin de se répéter, par exemple : « Je suis responsable de la mort de ma mère ». Essayer de raisonner une personne qui est dans cette situation n'est pas une stratégie efficace : ce n'est pas une question d'entêtement ou de mauvaise volonté de sa part, c'est dû au fait que dans son cerveau, le circuit ne fonctionne pas de la bonne manière.

La noradrénaline. La noradrénaline exerce son action sur le *niveau d'énergie*. Elle augmente le niveau de vigilance et prépare à affronter le monde. C'est grâce à elle qu'on se « sent d'attaque », comme on dit. En cas de baisse d'efficacité de la noradrénaline, l'énergie n'est pas au rendez-vous ; on se sent amorphe, on n'a pas de ressort. Tout comme il n'est pas efficace de tenter de raisonner une personne obsédée dont l'efficacité de la sérotonine est diminuée, de même un bon coup de pied au derrière ne réglera rien chez la personne qui a une baisse d'énergie en raison d'un problème de noradrénaline. C'est exactement comme le fait de se botter le derrière n'augmentera pas le niveau d'insuline chez une personne diabétique ralentie parce qu'elle est en hypoglycémie. Ici le volontarisme, ça ne marche pas.

La dopamine. La dopamine, enfin, est responsable de la *concentration*, du *plaisir* et de l'*intérêt*. Il existe des activités dont le caractère agréable, pour certaines personnes, augmente l'émission de dopamine. Par exemple, quelqu'un s'attarde dans un magasin de vêtements ou une librairie et ce qu'il voit lui semblera agréable et désirable. Il adore fureter ou bouquiner parce qu'alors il se sent bien. La dopamine est libérée. Il arrive qu'ayant acheté l'objet désirable, il ne retrouve plus, en arrivant à la maison, le plaisir qu'il avait au magasin : c'est que le niveau de dopamine est maintenant descendu. C'est pour ça que faire du lèche-vitrine détend certaines personnes et on peut suggérer aux acheteurs compulsifs d'aller faire du lèche-vitrine quand les magasins sont fermés. Ils éprouveront le même plaisir, la même sensation « dopamineuse ». L'exercice physique est une autre activité qui augmente la libération de dopamine.

Si on se rappelle les symptômes de dépression résumés plus haut dans le tableau du chapitre 1, on peut voir tout de suite les liens avec ces trois systèmes neurotransmetteurs. Si l'efficacité de l'un ou l'autre des neurotransmetteurs est en baisse, alors on observera chez la personne moins d'énergie, moins de pensées positives et plus d'idées noires, des troubles de concentration, une baisse d'intérêt et de plaisir.

Agir sur les neurotransmetteurs. *Antoine s'est retrouvé dans le tunnel le plus noir de sa vie. Il était devenu l'ombre de lui-même et faisait peine à voir. Il a eu de la peine à accepter de prendre des médicaments mais s'est prêté avec courage aux différentes formes de thérapie qu'on lui a proposées. Le voici qui se prépare à revoir son médecin après un intervalle de deux mois. Les médicaments qu'il a pris pendant cette période ont beaucoup changé sa vie. Il y a deux mois, il avait dit au docteur qu'il était beaucoup moins anxieux, mais qu'il manquait encore d'énergie et de concentration si bien qu'il ne pouvait pas travailler plus de deux jours par semaine. Le médecin avait ajusté sa médication et maintenant, Antoine a hâte de lui dire qu'il a repris le travail à plein temps et qu'il a retrouvé sa joie de vivre.*

Le traitement de la dépression unipolaire passe donc par l'action sur les neurotransmetteurs dans le but d'accroître leur efficacité.

a. Entre faire confiance au professionnalisme du médecin...

La connaissance de l'influence de ces facteurs biologiques est importante car elle permet de comprendre les traitements qui sont aujourd'hui disponibles pour soigner les personnes dépressives. Le premier antidépresseur date de la fin des années 1950 et curieusement, c'était un médicament destiné à combattre... la tuberculose. On s'est aperçu que ce n'était pas nécessairement très efficace pour combattre la tuberculose, mais que tous les patients traités souriaient! On l'a donc essayé sur des déprimés et on a constaté une amélioration de leur état. Que se passait-il donc? Des études plus poussées ont permis de découvrir que ce tout premier médicament empêchait l'élimination des neurotransmetteurs. Car comme le montre le tableau qui suit, ceux-ci sont fabriqués et libérés dans l'organisme, pour être ensuite recaptés ou recyclés, et dans ce processus, il y a des pertes. Ce tout premier médicament arrivait à empêcher l'élimination des neurotransmetteurs. C'était si on veut comme mettre un bouchon au fond de la baignoire.

Aujourd'hui, les médicaments antidépresseurs ont une action beaucoup plus ciblée, et donc plus efficace. Certains agissent sur les trois neurotransmetteurs à la fois, d'autres davantage sur un ou sur l'autre, suivant l'évaluation que le professionnel de la santé fait des malaises éprouvés par la personne dépressive. Ce qu'il faut comprendre, c'est qu'ils visent tous à redonner aux neurotransmetteurs déficients leur efficacité.

Comme nous l'avons mentionné, les neurotransmetteurs facilitent la communication de l'information entre les cellules nerveuses, les neurones. Ils fonctionnent un peu comme un interrupteur, c'est-à-dire seulement lorsqu'ils sont déclenchés. Face à une situation de la vie, le cerveau commande une réaction appropriée, comme se lever, dire quelque chose, sourire, prendre un objet, etc. Cette commande est relayée par le système neurochimique qui vient stimuler un neurone, puis un autre et ainsi de suite jusqu'à ce que soit réalisée la réaction. Pour faciliter cette chaîne de commandements, il y a une brève libération de neurotransmetteurs, puis le neurotransmetteur est recapté. Ces neurotransmetteurs agissent d'une manière interdépendante, l'un pouvant être stimulé par l'autre.

> Le traitement de la dépression unipolaire passe par l'action sur les neurotransmetteurs dans le but d'accroître leur efficacité.

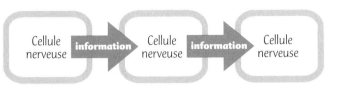

Le cerveau commande : il fait passer une information.

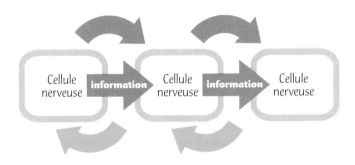

**Un ou des neurotransmetteurs sont émis,
facilitent le passage de l'information
et sont ensuite recaptés.**

Alors quand il y a une baisse de neurotransmetteurs, comme dans le cas de la dépression, puisqu'ils sont moins nombreux, les messages du cerveau ne passent pas bien, et dans certains cas ils ne passent pas du tout.

C'est surtout en coupant la recapture que les antidépresseurs influencent l'efficacité des neurotransmetteurs. Si on bloque la recapture, le neurotransmetteur reste plus longtemps en dehors et on augmente les chances que la communication de l'information se fasse correctement.

Si on peut bloquer la recapture des neurotransmetteurs, on peut aussi augmenter leur quantité et leur niveau d'efficacité : c'est ce que fait une substance comme la tryptophane, un acide aminé qu'on absorbe tous les jours dans notre alimentation à raison de 1 000 à 1 500 mg par jour. La tryptophane est en quelque sorte le précurseur de la sérotonine ; elle est si on veut une matière première qui est transformée en sérotonine. On la retrouve dans le lait, dans le maïs, dans la dinde. Ce n'est peut-être pas pour rien que dans nos régions du Nord, on mange de la dinde à l'automne (à l'Action de grâce) ou à Noël, c'est-à-dire quand les journées sombres arrivent et qu'on fait souvent moins d'exercice. Parfois, donc, on prescrira de la tryptophane pour augmenter la production de sérotonine.

Le médecin peut avoir recours à une combinaison de plusieurs stratégies : augmenter la production des neurotransmetteurs, ou leur libération, ou leur efficacité, ou encore diminuer leur élimination.

Le médecin peut donc avoir recours à une combinaison de plusieurs stratégies : augmenter la production des neurotransmetteurs, ou leur libération, ou leur efficacité, ou encore diminuer leur élimination. C'est comme pour remplir une baignoire : on peut à la fois verser de l'eau et boucher le renvoi d'eau. C'est ce que fait la combinaison de la tryptophane et des antidépresseurs.

b. … et risquer de se traiter soi-même

Il n'y a pas que les médicaments, qui sont des drogues légales, si on veut, qui améliorent l'efficacité des neurotransmetteurs. Très souvent aujourd'hui, les gens se traitent eux-mêmes avec des substances qui sont aussi très efficaces… pour un temps. Par exemple, l'*ecstasy* provoque une libération massive de sérotonine. Quand dans un *rave* les gens en prennent avec des amphétamines, il y a libération de sérotonine et donc une forte sensation d'extase puisque la sérotonine est responsable de l'humeur et de l'anxiété. D'autres cherchent à se guérir de leur dépression en prenant de la *cocaïne*, car elle amène une libération massive de noradrénaline. Elles éprouvent donc un regain d'énergie, on pourrait dire qu'elles guérissent de leur dépression en 15 secondes! La drogue la plus fréquente est évidemment la *nicotine*. Souvent les gens en dépression observent qu'ils fument davantage. C'est que la nicotine libère de la dopamine en 7 secondes. C'est extrêmement rapide! On dit parfois à la blague que quand on pose une question à un fumeur, il commence par aspirer profondément la fumée de sa cigarette et on peut compter jusqu'à sept. Il donne l'impression d'être en train de réfléchir, mais en fait il est en train d'augmenter la dopamine pour comprendre la question! Car on l'a vu, la dopamine augmente la concentration et c'est ce qui procure la sensation de plaisir. Mais l'effet de la nicotine ne dure que vingt à trente minutes.

On sait que l'*alcool* agit très rapidement pour faire disparaître la tension et l'anxiété engendrées par les problèmes de la vie. Il n'agit pas directement sur les trois neurotransmetteurs, mais généralement il calme l'anxiété, bien qu'il puisse aussi l'augmenter. À long terme, l'alcool a cependant un effet dépresseur. C'est un faux ami.

On entend souvent dire que la *caféine* ou le *chocolat* peuvent aider les personnes qui souffrent de dépression. Ce sont des substances qu'on peut facilement se procurer légalement sous une multitude de formes. La caféine augmente effectivement l'effet des neurotransmetteurs en rendant le deuxième neurone plus sensible à la réception de l'information. Quant au chocolat, il contient de la phényléthylamine, qui a effectivement une structure moléculaire semblable aux neurotransmetteurs comme la dopamine ou même les amphétamines. La phényléthylamine est un stimulant des systèmes dopaminergique et noradrénergique ; elle semble augmenter la concentration synaptique de la dopamine qui est vraiment le neurotransmetteur du plaisir et de la concentration. Mais comme une bonne partie de la phényléthylamine est éliminée de l'organisme au niveau de l'intestin, on n'est pas sûr que ce soit très efficace en cas de dépression.

D'autres substances ont un léger effet antidépresseur, comme une plante, le millepertuis, que l'on prend habituellement en infusion mais qui se trouve aussi sous forme de comprimés.

Naturel ou chimique?

Chocolat, millepertuis : leur caractère « naturel » attire certaines personnes qui se méfient des médications chimiques de l'industrie pharmaceutique. Tout le monde est d'accord pour rester le plus près possible de la nature. Mais quand il s'agit de la santé, il faut se demander : que veut dire « substance naturelle »? L'alcool est naturel. Le tabac est naturel. L'opium aussi. Le mercure est naturel. L'arsenic est naturel! Ce qu'il faut bien voir, c'est si une substance naturelle aide à fonctionner d'une façon plus naturelle. Prenons l'exemple des laxatifs. Certains produits naturels comme le séné (Senokot®) stimulent l'intestin. C'est bon de temps en temps, mais leur usage fréquent rend l'intestin paresseux. Alors qu'une substance qui n'est pas naturelle, comme le Metamucil®, qui absorbe l'eau et augmente le volume comme font les fibres, aide le colon à travailler de façon naturelle. Ce n'est pas une substance naturelle, mais elle donne un effet plus naturel que le produit naturel. Il faut donc voir l'ensemble. S'il est vrai que la nicotine du tabac, substance naturelle, augmente la dopamine, l'usage du tabac a d'autres effets très nocifs que l'on connaît mieux maintenant.

Bref, plusieurs personnes traitent par elles-mêmes, leurs symptômes de dépression, mais c'est souvent un traitement éphémère. L'intensité du bien-être ne dure que quelques heures, puis il y a de nouveau baisse de l'efficacité des neurotransmetteurs.

Oui mais pourquoi? Allons plus loin et demandons-nous : mais pourquoi y a-t-il cette baisse d'efficacité des neurotransmetteurs chez certaines personnes à tel moment de leur vie? Disons-le clairement : on ne le sait pas exactement. On ne peut que le constater et supposer qu'il y a plusieurs causes possibles. C'est le cas d'ailleurs de bien d'autres maladies où on constate certains changements dans l'organisme, sans savoir exactement tout le lien de cause à effets. Prenons l'exemple bien connu du diabète : on observe un manque d'insuline dû à un mauvais fonctionnement du pancréas. Mais pourquoi le pancréas ne fonctionne-t-il pas bien? On ne sait pas vraiment. Mais même si on n'a pas toutes les réponses, on constate au moins que l'insuline n'est pas là, et que si on donne de l'insuline, la personne peut vivre plus normalement avec son diabète.

C'est la même chose dans le cas de cette maladie qu'est la dépression.

Une conséquence à éviter : la détérioration du cerveau

En plus des problèmes liés au cortisol ou aux neurotransmetteurs, un autre changement peut être constaté sur le plan biologique. Quand une dépression dure longtemps et qu'elle n'est pas traitée, on observe un changement au niveau de la structure du cerveau. Le cerveau commence à s'atrophier, c'est-à-dire qu'on observe une perte de cellules.

Nous avons déjà vu que quand le cortisol est abondant pendant une période de stress de quelques heures, l'effet est bénéfique. Mais les études montrent que dans une dépression non traitée qui dure longtemps, l'hippocampe, qui est responsable de la concentration, peut perdre jusqu'à 19 % de sa masse chez certains individus. On observe donc une baisse de la concentration, bien sûr pas sur une période de trois mois, mais dans le cas d'une dépression chronique qui dure quelques années.

On a longtemps cru que cette perte était irréversible. Mais il y a une bonne nouvelle. Il y existe un facteur au niveau du cerveau qui s'appelle BDNF : Brain Derived Neurotrophic Factor, qu'on pourrait traduire par Facteur neurotrophique dérivé du cerveau. Le BDNF peut régénérer l'hippocampe ou d'autres régions du cerveau. C'est si on veut une sorte d'engrais des cellules du cerveau. On sait maintenant qu'à long terme, le cortisol libéré en situation de stress va diminuer la production de BDNF. Or, le BDNF est aussi diminué par la dépression. Alors si on pouvait augmenter le BDNF, on aiderait les malades.

Et comment peut-on augmenter le BDNF ? En offrant d'abord *un environnement positif*, favorable, paisible, ce qu'on faisait autrefois quand on allait chez des parents ou dans une institution située à la campagne, au bord de la mer ou d'une rivière. C'est si on veut un temps d'arrêt de la stimulation, une sorte de convalescence à l'abri du stress. Mais dans un deuxième temps, pour favoriser la régénération il faut un environnement stimulant, des activités énergisantes. On pense par exemple à *l'exercice physique*. Les gens qui font de l'exercice d'une façon régulière font 50 % moins de dépressions que ceux qui sont inactifs. Ça n'empêche pas des athlètes de haut niveau de faire des dépressions. L'exercice ne va pas tout régler, mais en faire régulièrement, c'est mettre toutes les chances de son côté. Une autre stratégie pour stimuler le BDNF, c'est *l'apprentissage* : apprendre une autre langue ou à jouer d'un instrument de musique, par exemple. On voit bien grâce aux techniques d'imagerie qu'avec l'apprentissage, comme avec l'exercice, il y a une augmentation des cellules au niveau de l'hippocampe.

Enfin, *les antidépresseurs* aussi augmentent le BDNF.

Peut-on prévenir la dépression ?

Il n'y a pas de recette qui mettrait quelqu'un complètement à l'abri de ces maladies que sont la dépression unipolaire et les troubles bipolaires. Mais comme nous venons tout juste de le dire, on sait que les personnes qui font régulièrement de l'exercice sont deux fois moins nombreuses à faire une dépression. Une alimentation riche en oméga-3 apporte une contribution bénéfique aussi bien en prévention qu'en traitement. Une personne qui entretient un réseau social vivant est moins exposée à la maladie, tout comme une personne qui a fait ou qui fait une psychothérapie. Dans le cas de personnes qui ont fait plus d'une dépression, un bon moyen de prévenir une rechute, vu que les possibilités augmentent radicalement, c'est d'avoir un traitement préventif avec des antidépresseurs.

Il y a un type de dépression dont on n'a pas encore parlé, la dépression saisonnière, causée par la diminution de la lumière durant l'hiver. Au cours de l'automne, plusieurs personnes connaissent une baisse d'énergie. Dans notre hémisphère, c'est en décembre et en janvier que les taux de tryptophane sont au plus bas. Depuis qu'on a mis au point des appareils bien adaptés, la luminothérapie est une forme efficace de prévention de la dépression saisonnière. On commence dès le début de l'automne, en octobre, à s'exposer régulièrement pendant quelques minutes à une source de lumière blanche (sans infra-rouge ni ultra-violet). On obtient des résultats satisfaisants dans environ 80 % des cas. On peut aussi contrer la dépression hivernale en prenant des antidépresseurs à compter d'octobre soit pour la prévenir, soit pour la soigner.

Faut-il vraiment soigner la dépression ?

Mona a déposé sur la table de cuisine l'ordonnance d'antidépresseurs que lui a remise son médecin. Elle explique de son mieux ce qu'elle a compris des explications du médecin : « Elle m'a assuré que si je prenais cela régulièrement, j'aurais un sommeil réparateur et je retrouverais mon appétit. » « Il n'en est pas question, soutient de son côté Ali, son mari. Je ne vais pas te laisser droguer. Il faut trouver une autre solution. On va demander à ma mère de venir t'aider. »

À la différence de la schizophrénie, qui est une maladie continue, la dépression est une maladie récurrente. Vivre avec une personne schizophrène, c'est très différent de vivre avec une personne dépressive. Dans les deux cas, cependant, tout le monde gagne à ce que la personne malade soit traitée : la personne elle-même, bien évidemment, mais aussi ses proches. Il existe, en fait, de multiples raisons pour lesquelles il est important de soigner une personne dépressive.

Un environnement social exigeant. Il est vrai que souvent, une personne dépressive pourrait guérir avec le temps, comme on le faisait autrefois avant que des traitements spécifiques soient connus. Peut-être bien que la présence de la mère d'Ali pourra soulager Mona, mais sera-ce suffisant ? De toute façon, l'environnement social d'aujourd'hui ne facilite pas du tout un repos de six mois ou plus auprès d'un oncle qui vit à la campagne. La personne dépressive a un emploi qui requiert sa présence et elle ne veut surtout pas le perdre. Elle a une famille qui compte sur elle et elle s'en sent responsable.

Une souffrance à abréger. La dépression non traitée peut être une maladie longue et pénible. Pour la personne comme pour ses proches, six mois ou un an, ou même davantage, c'est très long. Pourquoi une personne et son entourage devraient-ils souffrir un an, un an et demi ou deux ans ? C'est d'ailleurs souvent pour cela que les gens cherchent un traitement eux-mêmes.

Des séquelles à limiter. Troisièmement, une dépression non traitée laisse des séquelles. Supporter le mal de vivre pendant un an ou plus entraîne généralement une perte d'estime de soi. Après, on demeure fragile face à soi-même, on doute plus facilement de soi. Sans compter le fait que la dépression non traitée peut occasionner une perte d'emploi ou encore provoquer la rupture du couple, tellement il peut être exigeant de vivre avec une personne dépressive. Enfin, il ne faut pas oublier qu'une personne dont la dépression est non traitée ou mal soignée augmente significativement ses risques d'en faire une autre, peut-être plus sévère : elle a une chance sur deux d'en faire une autre, alors que si la dépression est bien traitée, avec des symptômes contrôlés en quelques semaines, les risques baissent à un sur quatre. En un mot, traiter la maladie évite des séquelles, épargne de la détresse, et améliore l'avenir de la personne.

Le pire à éviter. Enfin, il faut se rappeler que la dépression conduit trop souvent à l'issue fatale, le suicide. Même si 99 % des gens ne complètent pas leur geste, malheureusement 1 % le font et c'est déjà trop. C'est une tragédie pour la personne, bien sûr, mais parce que c'est brutal, c'est souvent une épreuve presque insurmontable pour les survivants, en particulier quand la personne qui s'est enlevée la vie est un jeune. On se tourmentera si longtemps en se reprochant de ne pas avoir empêché le geste, en se culpabilisant, et de toute façon, en pleurant la perte de quelqu'un de très cher. On peut aussi se sentir très en colère, fâché, et avoir beaucoup de difficulté à gérer ces émotions qui se retournent facilement contre soi. Ça devient vite un cercle infernal : il faut donc tout faire pour éviter cela.

Il reste que le traitement doit toujours être accepté. Il ne peut pas être imposé sauf dans les cas extrêmes où la Cour ordonne qu'on oblige une personne à être soignée parce qu'elle représente présentement un danger pour elle ou pour les autres. Une façon de faciliter l'acceptation du traitement, c'est de laisser à la personne la possibilité de prendre une véritable décision à ce sujet, en évitant ce qui ressemblerait à « de toute façon, vous n'avez pas le choix. » Après un diagnostic de dépression, le médecin peut dire à la personne affectée : « voilà, une première possibilité, c'est de ne rien faire et d'attendre que les choses se replacent d'elles-mêmes. Mais on peut aussi vous prescrire tel médicament et voici les résultats qu'on peut escompter. Prenez le temps d'y penser. » Si la personne malade ou son entourage suggèrent d'autres solutions, par exemple de prendre de la valériane pour mieux dormir, du millepertuis pour diminuer l'anxiété ou un petit cognac dans le café du matin pour se donner de l'énergie, il vaut mieux accepter la suggestion et évaluer, après quelque temps, jusqu'où c'est efficace pour

Pourquoi faut-il soigner la dépression

· À cause de l'environnement social exigeant

· Pour abréger la souffrance

· Pour limiter les séquelles

· Pour éviter le pire

cette personne précise. Après tout, le rôle du médecin n'est pas d'abord de donner tel ou tel traitement, il est d'aider les personnes à aller mieux. Quand les patients ont un véritable choix, un véritable pouvoir sur le traitement, leur collaboration et celle de leur entourage sont sûrement supérieures, ce qui est bénéfique pour tout le monde.

En résumé, on peut dire que c'est un soulagement de savoir qu'en plus de ce qu'on peut faire soi-même comme de l'exercice ou la fréquentation d'un endroit calme et agréable (le bord de l'eau, un jardin botanique, etc.), on peut aujourd'hui, grâce à des médicaments qui peuvent agir seulement ou surtout sur l'un des neurotransmetteurs ou être utilisés en combinaison pour agir sur les trois neurotransmetteurs, soigner la dépression unipolaire de manière efficace ! Mais il n'y a pas que la dimension biologique dans la maladie, comme nous allons le voir maintenant.

La dépression unipolaire et sa dimension psychodynamique

Dans la dépression unipolaire, une autre dimension est en jeu, que l'on peut traiter elle aussi : les facteurs psychologiques. On pourrait illustrer la situation en prenant une comparaison, celle de l'ordinateur portatif. Il a une pile, une batterie, et il est programmé. Si la pile ne fonctionne pas, le programme ne fonctionnera pas non plus. Traiter efficacement la dépression, c'est à la fois recharger la pile et reprogrammer l'ordinateur. Pour ce qui est de recharger la pile, on va utiliser les antidépresseurs. Pour reprogrammer, on va faire le travail en psychothérapie. Les deux dimensions ne sont pas dissociables parce que la psychologie de la personne a une assise biologique. Le cerveau génère des pensées et les pensées viennent du cerveau. Mais elles viennent aussi de l'expérience de la personne, de ses relations, etc.

La complémentarité des deux approches est une clé dans la réussite du traitement de la maladie. Car si les approches comportementales sont utiles pour observer ce qui arrive, elles n'expliquent pas beaucoup pourquoi cela arrive.

L'approche psychodynamique permet de comprendre que la dépression replonge la personne, habituellement d'une manière absolument inconsciente, dans certaines situations que tout le monde vit au tout début de son existence. Nous allons donc rappeler d'abord ces situations normales du développement, puis voir comment la personne dépressive peut les « revivre » d'une manière parfois très aiguë. Nous comprendrons mieux alors comment on peut l'accompagner vers la guérison.

Une interminable naissance

On pourrait dire de l'être humain qu'il naît toujours prématurément. C'est comme si au lieu de neuf mois, il aurait besoin de rester à peu près cinq ans dans l'utérus ! Un bébé chien marche au bout de quelques jours alors qu'à un an, un bébé humain chancelle encore car le cerveau d'un bébé de huit mois n'est pas encore bien développé. Il est impossible que l'enfant utilise ses jambes correctement parce que la myéline des nerfs n'est pas développée et ne peut donc commander aux jambes de bouger d'une manière coordonnée. C'est aussi pourquoi il est impossible que le bébé commence à « être propre » avant un an et demi ou deux ans parce qu'il est incapable de contrôler les muscles de son sphincter.

Si tout le monde peut observer les étapes du développement corporel, il est moins facile de suivre celles du développement psychologique. Résumons-en les principales.

Moi, moi, moi. L'univers psychique du nouveau né et du nourrisson coïncide avec son corps. Quand il crie parce qu'il a faim, il trouve vite la douce chaleur d'un sein ou d'un biberon à ses lèvres. Quand il pleure parce qu'il est mouillé ou souillé, ce n'est pas long que des mains attentionnées viennent le libérer de son inconfort. Pour le bébé, la mère (ou toute personne qui prend régulièrement soin de lui) est une extension de lui-même. Il enregistre certainement la présence du père, d'une tante, d'un frère, mais ce sont des figurants muets dans son film. En fait, il est l'unique héros de ce film. La mère est une facette de lui-même, et comme tous ses besoins sont suivis de satisfaction, il se perçoit lui-même comme tout puissant.

L'intolérable solitude. Au cours des premiers jours, des premières semaines, voire des premiers mois de la vie de leur bébé, la plupart des mères se précipitent dès qu'elles l'entendent s'agiter ou pleurer. Mais après quelque temps, il arrive même à la mère la plus aimante et la plus attentive de se dire que bébé peut bien attendre quelques minutes, le temps qu'elle termine ce qu'elle a commencé. Mais pour le bébé, qui n'a aucune conscience du temps, ces quelques minutes sont une insupportable éternité : si on n'est pas venu comme avant dès qu'il a crié, peut-être qu'on ne viendra **jamais !**

C'est ainsi que tôt ou tard, le bébé enregistre que sa mère n'est pas lui, mais quelqu'un d'autre sur qui il n'a pas de contrôle. Lui qui était le centre de l'univers et tout puissant, voilà qu'il se découvre totalement dépendant et que c'est sa mère qui est la personne toute puissante. Quand il sent que sa mère le quitte et le laisse seul, c'est pour lui l'abandon, aussi bien dire la mort ! Cette découverte de la solitude et de la vulnérabilité s'accompagne de beaucoup d'angoisse : c'est ce qu'on appelle souvent l'angoisse de huit mois. On comprend facilement alors pourquoi le même bébé, si social jusque là, a maintenant peur des étrangers, et lui qui s'endormait tout naturellement jusqu'à tout récemment fait maintenant des crises de larmes au moment où on le couche : on « l'abandonne » dans son lit !

Le pouvoir de la parole. Après cet âge de huit mois où il fait l'expérience de l'angoisse, l'enfant continue heureusement de se développer et d'apprendre. Il commence à pouvoir faire des choses et en particulier, il va bientôt se mettre à parler. Il apprend la langue maternelle, la langue de la mère, la langue qui permet d'appeler la mère. Le concept de langue maternelle revêt une signification psychodynamique beaucoup plus profonde que la catégorie de français, anglais ou arabe : psychologiquement parlant, la langue maternelle, c'est ce qui permet d'appeler pour être sauvé, pour survivre.

Cet enfant qui s'est d'abord perçu comme tout puissant puis a été confronté à son impuissance alors que la mère est toute puissante, voilà que grâce à la parole, il arrive à reprendre un petit peu de pouvoir. Si bien que quand arrive l'âge de deux ans, qu'est-ce que l'enfant dit et redit ? Non ! J'aime dire qu'à cet âge-là, « mon *non* c'est mon *nom* ! » : à cet âge-là, je commence à acquérir une identité, une identité psychologique. Je suis maintenant vraiment différent de ma mère.

L'arrivée d'un sauveur. Dans cette histoire qui s'est jusqu'alors jouée à deux personnages et où tous les autres n'étaient que des figurants, arrive alors, psychologiquement parlant toujours, une autre personne dans la relation : à la fin de la journée, survient un troisième personnage, qu'on va appeler le père, mais qui pourrait être une autre personne signifiante. L'essentiel, c'est que ce soit un tiers, ce tiers qui vient sauver l'enfant à la fin de la journée, exactement comme dans l'histoire de Cendrillon aux prises avec une méchante belle-mère et que le prince vient sauver. Cette présence va permettre à l'enfant de s'éloigner, psychologiquement parlant toujours, de la mère toute puissante pour réduire l'angoisse de la séparation et la crainte d'être abandonné.

Un drame qui se rejoue

Souvent donc, les personnes qui souffrent de dépression ou d'autres problèmes psychologiques revivent, inconsciemment, les drames que nous avons tous connus aux premières étapes de notre vie. Par exemple, les personnes qui souffrent de psychose sont des personnes qui régressent, en quelque sorte, dans les premiers mois de la vie. Elles se détachent du monde, elles limitent leurs contacts avec les autres et leur environnement. Quand on travaille avec des schizophrènes, leur manière d'être rappelle en quelque sorte la manière d'être du bébé : ils sont dans leur monde et si vous les croisez, ils évitent le contact, ils ne vous regardent même pas. Ils habitent un monde intérieur dans lequel ils se sentent en sécurité. Ils doivent à tout prix préserver cet univers dont ils sont le centre ; voilà pourquoi ce qu'ils craignent plus que tout, c'est l'intrusion.

Ce qui se passe chez une personne qui souffre de dépression rappelle plutôt le deuxième stade de développement, celui où on se rend compte que la mère est essentielle. On l'a vu, la prise de conscience, la reconnaissance du fait que la mère n'est pas moi, provoque une angoisse. Le bébé se découvre alors absolument dépendant. Voilà pourquoi ce que l'enfant craint plus que tout, c'est d'être abandonné. On peut revivre cela à l'âge adulte. Pensons au cas rare, mais malheureusement réel, d'un quadraplégique cloué dans un lit et incapable de parler, de se lever, de bouger sauf un tout petit peu peut-être, et imaginons que la personne soignante n'arrive pas. Qu'est-ce que cela provoque chez celui qui est totalement dépendant pour tous ses besoins ? De la frustration, bien sûr, et même, peut-être, de la rage.

Ces émotions : impuissance, dépendance, angoisse, rage, sont, à des degrés divers, le lot des personnes qui souffrent de dépression. Si elles les éprouvent, c'est qu'elles font face à une grande blessure, une perte, qui rappelle cette toute première perte : la perte de la toute puissance, et la dépendance jusqu'au risque de l'abandon. Elles avaient du pouvoir par leur efficacité au travail ou leur capacité à nourrir des relations satisfaisantes. Et voilà que plus rien ne fonctionne, elles doivent même admettre avoir besoin des autres! Le rapprochement avec le drame du petit enfant se vit d'une manière inconsciente, bien sûr. Voilà pourquoi des stratégies volontaristes, comme se donner des coups de pied au derrière ou se regarder dans le miroir en se répétant *ad nauseam* « tu es bon, tu es capable, je t'aime », sont si peu efficaces. Il n'y a rien à faire pour sortir du marasme, pour contrer le sentiment d'impuissance.

Bref, que l'on soit entré en dépression pour des raisons psychologiques, ou en raison d'événements difficiles ou de facteurs biologiques, on régresse vers ce stade de l'impuissance.

Les proches d'une personne dépressive doivent comprendre cela. Aux yeux de la personne malade, ils ne sont plus simplement le compagnon, la compagne, la mère, la fille ou la collègue avec qui elle partage des activités vécues ensemble, des projets communs. Ils sont à la fois et alternativement une bonne personne et une personne frustrante qui enrage… comme la mère du petit enfant. Quelle ambivalence! Alors oui, c'est complexe, la relation avec une personne dépressive.

Par exemple, un proche voudrait plus que tout aider cette personne qui lui est chère, et il ne comprend pas que tous ses efforts soient contrés par une attitude fortement négative.

Il n'est pas le seul. Un professionnel de la santé, qui est pour l'inconscient une figure maternelle qui écoute, est attentive et prend soin, vit souvent quelque chose de semblable, comme le montre le dialogue suivant :

Nino – Ça ne va pas, j'ai tout essayé pour me changer les idées, pour aller mieux, il n'y a rien à faire, je suis impuissant. C'est décourageant.

Docteur B – On peut vous aider, vous admettre un petit moment à l'hôpital.

Nino – Ah non! je ne peux pas rester à l'hôpital. Qui prendrait soin de mes affaires ?

Docteur B – On va arranger ça, quelqu'un va s'occuper de votre voiture, de votre chien, ou peu importe… chose certaine, on peut vous aider à l'hôpital ou en clinique externe.

Nino – Ah non, ça ne marchera pas, de toute façon ça ne se guérit pas.

Docteur B – Vous savez, il existe maintenant de nouveaux médicaments qui sont vraiment efficaces, ça va vous aider.

Nino – Non, il y a trop d'effets secondaires, et puis je ne veux pas dépendre des médicaments.

Docteur B – Non, je vous assure, les nouveaux médicaments ont beaucoup moins d'effets secondaires.

Nino – De toute façon, c'est trop cher.

Docteur B – Mais c'est couvert par toutes les assurances.

Nino – Non, l'hôpital c'est trop loin.

On le voit, c'est une mise en échec systématique.

Rappelons-nous alors ce que l'enfant essaie de faire en disant NON à sa mère : il lui dit non, tu n'es pas toute puissante, moi je te dis non, c'est non. Il essaie de renverser la situation d'impuissance et de mettre la mère en échec. Mais il sait en même temps que s'il met la mère en échec il va mourir. Il est enfermé dans cette ambivalence. Le déprimé revit à la fois l'appel à l'aide et la tentative de mettre l'autre en échec. C'est comme s'il disait : ma dépression est tellement forte que je vais prouver que tu n'es pas capable. On parle ici bien sûr d'une dépression sévère, pas d'une dépression légère.

On est donc ici en présence d'une double dynamique d'appel à l'aide, à la bonne mère, et de mise en échec de la mauvaise mère. En termes psychodynamiques, la personne qui vit une dépression sévère se comporte comme un enfant envers la mère qui peut donner ou qui peut frustrer. C'est heureusement moins accentué dans le cas de dépression modérée ou légère, mais on peut toujours observer cette tendance-là qui rend les choses très difficiles et très irritantes pour la famille.

Tout ce que nous avons vu jusqu'à présent dans ce chapitre concerne la dépression unipolaire, celle qui est le lot du plus grand nombre de malades. Il faut maintenant dire un mot de l'autre type de dépression qui affecte environ 4 % de la population.

Et les troubles bipolaires?

Des stabilisateurs de l'humeur

Il existe ici aussi des traitements performants pourvu que le problème ait été correctement diagnostiqué, car les traitements efficaces dans le cas de la dépression unipolaire le sont moins pour traiter les personnes qui souffrent de troubles bipolaires. Selon les études, jusqu'à 60 % des personnes traitées pour une dépression et qui ne répondent pas au traitement seraient peut-être en fait des personnes qui souffrent de trouble bipolaire. Si ça n'a pas fonctionné, c'est parce qu'on n'a pas donné le bon traitement. Face à des cas de dépression résistante, il suffit souvent de changer le traitement et de traiter une maladie bipolaire pour observer une amélioration significative de la condition de la personne malade.

Pourtant le premier diagnostic de dépression n'avait pas été complètement un mauvais diagnostic. Mais le traitement n'était pas assez spécifique. C'est un peu comme lorsque autrefois on donnait de la pénicilline pour soigner tous les types d'infections. On a maintenant des traitements antibiotiques beaucoup plus ciblés. Si donc pour soigner la dépression unipolaire on combine la psychothérapie et les antidépresseurs, dans le cas des troubles bipolaires, on recourt plutôt à des stabilisateurs d'humeur, qui sont plus efficaces que les antidépresseurs. L'exemple le plus connu est le lithium, mais ce n'est pas le seul, il y a une douzaine de choix.

Soyons francs : les médicaments ne font pas de miracles. Ils sont efficaces dans environ 80 % des cas. Ils sont pourtant utiles, voire absolument nécessaires car ils diminuent la fréquence, l'intensité et la durée des variations extrêmes qui caractérisent les troubles bipolaires.

Ici aussi, un drame se rejoue

Nous avons vu comment chez les personnes qui souffrent de dépression unipolaire, se rejoue un drame primitif qui est celui de la séparation de la mère. La mère a d'abord donné au bébé l'illusion de la toute puissance. Par son comportement, elle semble dire : « tu n'es plus dans mon ventre, mais tu es dans mon sein et mon sein est toujours là pour toi. Tu ne seras jamais dépourvu, tous tes besoins vont trouver leur satisfaction. Immédiatement. » Et ça, ça dure un certain temps. Et constatant peu à peu que sa mère ne répond pas toujours à ses besoins quand et comme il le voudrait, l'enfant roi passe du sentiment de la toute puissance à celui de l'impuissance : il n'est pas tout puissant, c'est sa mère qui l'est. Ensuite quand l'enfant continue à grandir, l'illusion de puissance augmente de nouveau, puisque l'enfant peut dire Non ! Je suis capable de faire des choses par moi-même, de m'habiller tout seul, d'étendre moi-même mon beurre d'arachides sur mon pain… Je suis le petit prince, la petite princesse.

Jusqu'à 60 % des personnes traitées pour une dépression et qui ne répondent pas au traitement seraient peut-être des personnes qui souffrent de trouble bipolaire.

Mais ensuite, quand l'enfant arrive au stade du complexe d'Œdipe, vers quatre ou cinq ans, il se produit au niveau psychologique une deuxième mise en échec du sentiment de puissance. L'enfant sait qu'il a une relation avec sa mère, qu'il a aussi une relation avec son père, mais voilà qu'il découvre que les deux ont entre eux une relation dont il est exclu. Les parents vont mettre une limite : tu ne dormiras plus dans notre lit, mais dans ta chambre !

Pour moi, la première étape du développement, on peut l'appeler la bulle, la deuxième c'est la relation binaire (entre l'enfant et la mère), et la troisième est la triangulation où la frustration qui découle de l'exclusion fait en sorte que je dois être capable de refouler, de contenir mes besoins.

Dans le cas d'une personne qui souffre de troubles bipolaires et qui est en phase de manie, on assiste donc à un renversement de situation. La personne agit comme si elle refusait la limite et la frustration enregistrées à l'âge de quatre ou cinq ans. Dans cette identification inconsciente avec la mère toute puissante, elle agit comme si elle avait tous les pouvoirs. « Je suis extrêmement riche, j'ai de l'argent, je peux tout, sans limite. » Ce n'est pas retourner vers l'illusion de la toute puissance du premier stade, c'est échapper à l'angoisse de l'exclusion et vouloir s'imposer dans la vie, occuper le terrain, faire sa marque.

En conclusion, nous venons d'essayer de voir et de comprendre ce qui se passe quand une personne est atteinte de dépression unipolaire ou bipolaire. Nous avons aussi indiqué les principales formes de traitement que les spécialistes ont à leur disposition. Mais ces traitements sont-ils efficaces ? Comment cela se passe-t-il une fois que la personne a été prise en charge d'une manière compétente ? C'est ce qu'il nous reste à voir dans cette première partie.

Trois évolutions possibles

Disons donc que la personne malade a accepté de consulter. Un programme de traitement a été établi, alliant idéalement médication et psychothérapie. À partir de ce moment, trois évolutions sont possibles : une stabilisation et une amélioration rapide, une réaction partielle et un état dépressif sous contrôle mais qui se prolonge, et l'absence de réaction aux divers traitements. Pas besoin d'être devin pour comprendre que les conséquences et les exigences seront très différentes pour les proches.

Une stabilisation et une amélioration rapide

La première possibilité, c'est qu'on observe une amélioration dans un laps de temps relativement bref, soit deux ou trois mois. Ça semble beaucoup à première vue, mais ce n'est après tout pas beaucoup plus long que la durée de guérison d'une fracture simple de la jambe.

Ici, les proches jouent un rôle important, entre autres pour contribuer à une évaluation objective des progrès. On a déjà mentionné, à propos des personnes souffrant de trouble bipolaire, que quand la famille dit que ça va un petit peu mieux, la personne malade a tendance à trouver que ça va moins bien ou, inversement, si les collègues s'inquiètent, la personne en manie affirme être au contraire en pleine forme. Quand j'ai commencé à m'intéresser à la dépression, je trouvais même que cet écart d'appréciation était un signe « pathognomonique », c'est-à-dire un signe qui révèle à coup sûr la nature d'une maladie. Il est en effet assez typique des premières semaines de la dépression aiguë que lorsqu'on traite la personne et qu'objectivement elle va un petit peu mieux, elle-même dise : « Non, c'est pire ».

Supposons que la personne est hospitalisée et qu'en sa présence, on fait avec l'équipe soignante un bilan concernant le sommeil, l'appétit, etc. Quand l'infirmière dit :

– *Il a bien dormi hier soir…*
– *Non, interrompt le patient, ce n'est pas vrai, je n'ai pas bien dormi hier soir, j'ai été réveillé toute la nuit !*
– *Mais, reprend-elle patiemment, je vois écrit ici dans le rapport : aux tournées faites à chaque heure, semble dormir.*
– *Oui, mais on ne m'a pas vu, j'avais le dos tourné.*

Il est difficile à une personne qui n'y est pas préparée de ne pas entrer dans cette logique d'opposition et de garder une attitude d'*accueil* sans glisser du côté de l'*accusation*. Je reconnais que c'est facile à dire mais que dans le concret, c'est souvent très frustrant : comment en effet accueillir quelqu'un qui refuse l'accueil? Ce n'est pas évident. Voilà pourquoi il est si utile de faire appel à des organismes extérieurs où les gens ne sont pas impliqués affectivement et comprennent bien la maladie. Ça aide à sortir de la dynamique de confrontation.

Ce mot « dynamique » renvoie de plus à un des deux volets du traitement, celui qui s'intéresse à la dynamique interne du patient pour comprendre pourquoi, par exemple, il entre si facilement dans une dynamique d'opposition. Être attentif à la dynamique, c'est beaucoup plus intéressant que simplement donner un médicament, même si ces derniers sont utiles, voire essentiels sur le plan neurochimique. Les traitements chimiques agissent efficacement sur les mécanismes d'action du système nerveux, mais ils n'aident pas vraiment sur le plan de la relation humaine. Ce qui est intéressant dans le traitement des personnes dépressives, c'est de recourir aux deux : la neurochimie et la relation d'aide.

Heureusement, trois fois sur quatre, la dépression évolue bien dans les semaines qui suivent le début du traitement. Dans ce cas, ce n'est pas trop difficile pour la famille. On peut accompagner la personne à ses traitements, s'assurer qu'elle prend sa médication, l'aider dans ses démarches auprès de la compagnie d'assurances pour se prévaloir de la clause d'invalidité. La famille est en mesure d'observer les changements, ce qui la motive à soutenir la personne malade dans son traitement, ses rencontres avec l'équipe ou avec le thérapeute. Elle peut voir les progrès.

En règle générale, dès que la personne répond partiellement au traitement, elle va être encouragée à retourner au travail, même si elle n'arrive pas à travailler tout de suite à temps plein.

Les deux autres évolutions possibles concernent les cas plus complexes. La maladie va se prolonger, et on parlera alors de la dépression avec réponse partielle, et de la dépression qui ne répond pas au traitement. Au total, on estime que cela représente 10 à 20 % des personnes touchées. Et une dépression qui ne guérit pas complètement, voire pas du tout, c'est beaucoup plus éprouvant et pour la personne malade, et pour ses proches.

Une réponse partielle au traitement

Émilie est une brillante avocate qui a dû cesser de travailler il y a un peu plus de cinq mois pour cause de dépression. En conversation avec le grand patron de la firme à laquelle elle est associée et qui a demandé à la rencontrer, elle raconte : « Les deux premiers mois, j'ai eu l'impression de faire des progrès spectaculaires. On dirait que mon médecin avait trouvé du premier coup la bonne médication et je réagissais très bien. Mon humeur était meilleure, je dormais mieux, il m'arrivait même de penser au bureau et à certains jours j'avais hâte de revenir. Je pensais pouvoir bientôt recommencer au moins une ou deux journées par semaine. Mais je n'en reviens pas de voir comme je reste fatiguée et je trouve la vie fade, sans couleur. Je m'ennuie de la femme pétillante que vous avez connue. J'ai l'impression que ça n'évolue plus et ça commence à m'inquiéter… »

Il arrive que la personne ne récupère que partiellement. Assez souvent, une fois qu'on a commencé la médication et la psychothérapie, on a pu constater que la détérioration de l'état de quelqu'un s'est arrêtée, puis observer un début d'amélioration. La personne dort plus et mieux, elle retrouve un peu d'appétit, elle s'isole moins. Elle est capable de rire un peu, elle retrouve un peu de concentration. Mais voilà qu'après quelques semaines, ça plafonne. La personne peut être fonctionnelle, mais à 60 ou 70 % de sa capacité antérieure. Elle n'est pas vraiment d'attaque pour aller affronter le monde, même si elle peut peut-être commencer à retourner petit à petit au travail.

Il faut évidemment un certain temps avant de pouvoir conclure qu'on n'a qu'une réponse partielle au traitement. On a vu que lorsque la personne malade réagit très bien, on assiste à une amélioration rapide vers une rémission en deux à trois mois (précisons ici que dans le vocabulaire des intervenants dans ce domaine, « rémission » signifie « guérison complète des symptômes »). Si l'amélioration semble plafonner, on peut conclure après un certain temps que c'est une réponse partielle au traitement ; les traitements mettent un peu plus de temps que souhaité à produire les effets attendus. Après trois ou quatre mois, quand la personne malade constate que ça ne semble pas répondre, il n'est pas rare que comme Émilie, elle aie à traverser une crise de découragement. D'autant plus que c'est souvent justement à ce moment-là que la famille, l'employeur et les compagnies d'assurances se mettent à faire pression pour un retour au travail.

On recommande donc un retour progressif au travail. Impossible pour la personne malade de passer d'un seul coup d'un arrêt de travail complet à un horaire de cinq jours où elle fonctionnerait tout de suite à plein régime. Par contre, elle peut sans doute reprendre le travail à raison d'une journée ou deux, peut-être même à demi-temps. Une balise souvent utilisée pour planifier le retour progressif au travail, c'est de l'étaler en comptant une semaine par mois d'absence. Si par exemple quelqu'un a été absent trois mois, on peut prévoir un retour au travail à raison de deux jours pendant une pre-

Après trois ou quatre mois, quand la personne malade constate que ça ne semble pas répondre, il n'est pas rare qu'elle aie à traverser une crise de découragement.

mière semaine, trois jours la semaine suivante, quatre jours la troisième semaine, puis le voilà de nouveau au travail à temps plein. Mais ce n'est pas une règle absolue. Heureusement dans certains cas, il y a des firmes qui aident les personnes dans la réintégration au travail.

Cependant, même avec un retour progressif, certaines personnes, avons-nous dit, vont plafonner et n'auront plus la capacité de travailler que deux ou trois jours par semaine. Elles doivent donc envisager un travail à temps partiel. La possibilité d'y arriver dépend bien sûr en grande partie du travail que l'on fait. Un médecin qui travaille en cabinet privé seulement a plus de souplesse pour gérer son horaire et avertir ses patients qu'il ne sera là que deux ou trois jours par semaine que celui qui travaille dans un hôpital. Pour une infirmière c'est un peu plus facile parce qu'elles sont souvent dans des quarts de travail deux jours – trois jours. Mais c'est compliqué pour quelqu'un qui travaille dans une entreprise, au sein d'une équipe où tous sont interdépendants. Dans le cas d'un enseignant qui œuvre dans une école où les horaires sont de six ou sept jours, réintégrer le travail à temps partiel est extrêmement difficile, la tâche de trouver un suppléant est un véritable casse-tête.

De plus, certains employeurs et plusieurs assureurs engagent des « experts », c'est-à-dire des évaluateurs externes qui doivent faire une évaluation non pas pour le mieux être de la personne, mais pour l'intérêt de l'entreprise ou de la compagnie d'assurances. Il est naturellement dans l'intérêt de la compagnie d'assurances de chercher à retourner la personne malade le plus vite possible au travail. L'employeur de son côté a tendance à pousser pour que la personne reste à la maison jusqu'à ce qu'elle soit complètement guérie, ou même à l'éliminer s'il soupçonne que le problème pourrait être récurrent. Ces évaluations d'experts peuvent être particulièrement dévastatrices pour les personnes qui ont vécu une période d'inaptitude en raison de troubles bipolaires. Car par définition, la maladie bipolaire est une maladie récurrente. Il est inévitable qu'il y ait un autre épisode. Certains « experts » pourraient être tentés de recommander que la personne soit congédiée.

Quoi qu'il en soit de la dimension professionnelle, se rendre compte que l'on ne répond que partiellement aux traitements a un effet négatif sur l'image de soi et la confiance en soi. Quand elle se rend compte que les choses traînent en longueur, qu'elle va mieux mais sans arriver pourtant à retrouver son élan et son pétillant, il est compréhensible que comme Émilie, la personne se sente découragée, voire même qu'elle éprouve un sentiment d'échec. C'est là pour la personne et son entourage, en particulier ses plus proches, un stress supplémentaire.

Rayon d'espoir pour Émilie, comme pour Marc dont nous allons parler dans un moment : les chercheurs sont très actifs et on développe régulièrement de nouveaux médicaments plus efficaces pour atténuer les symptômes et pouvant même amener à la rémission.

Quand on ne répond pas au traitement

Marc a été victime de dépression dans le passé. Julie, sa fille de 30 ans vit avec lui, en compagnie de son copain. Marc a cessé de prendre ses antidépresseurs il y a une couple de mois, en disant : « Je prends beaucoup de médicaments, pour mon diabète, ma tension artérielle, mon cholestérol… finalement je ne sais pas pourquoi je prends tout ça. » Du coup, il est devenu plus retiré. Il s'isole dans sa chambre et accuse le copain de sa fille de lui voler des choses quand il sort de sa chambre. Son sentiment d'être victime d'intrusion frôle le délire. Marc est à la limite de la dépression avec symptômes psychotiques. Les chicanes sont devenues si fréquentes que Julie menace son père de partir. Mais c'est plus fort que lui, Marc continue de chicaner et Julie se sent coincée. Elle se dit : « Je sais que mon père ne peut pas vivre sans moi. » L'équilibre de la relation est fragile et Julie ne sait plus sur quel pied danser. Quant au père, il résistait à venir me voir, car il pensait que j'allais le disputer pour avoir abandonné ses traitements.

Il existe une troisième possibilité, c'est quand malgré le traitement la personne malade ne récupère pas. Malheureusement, cela arrive.

On estime qu'environ 10 % des personnes qui font une dépression restent avec une dépression chronique. Ça semble le cas de Marc qui reste fragilisé et aurait besoin de prendre une médication en permanence. Les conséquences pour ceux qui vont « vivre avec » peuvent être lourdes. On saisit tout de suite que ce n'est pas la même chose de vivre pendant deux ou trois mois avec un conjoint ou une conjointe qui est malade et de vivre avec un proche qui est malade depuis cinq ou dix ans et a peu de chance de se rétablir vraiment.

Il est déjà difficile de vivre avec une personne qui a souffert d'une dépression majeure et a été inapte au travail pendant deux, trois ou quatre mois, mais qui a repris progressivement le travail. Même si ça s'est prolongé sur quatre ou six mois, c'était encore tolérable, on voyait la lumière au bout du tunnel. Mais quand ça fait trois ou quatre ans qu'on vit avec quelqu'un qui est malade et que tombe le verdict d'invalidité, c'est-à-dire d'inaptitude à tout travail, alors ça devient drôlement plus exigeant.

Pourtant, une constatation paradoxale s'impose : l'expérience montre que du point de vue de l'entourage, la dépression chronique est parfois moins pénible à vivre que la récupération partielle, qui ressemble à une sorte d'entredeux où on est à la fois assez bien pour certaines choses et pas assez bien pour d'autres, où les attentes augmentent mais sont souvent

> Du point de vue de l'entourage, la dépression chronique est parfois moins pénible à vivre que la récupération partielle.

frustrées. Dans le troisième cas, les choses sont claires. La personne n'est pas fonctionnelle, mais elle est stable. Un conjoint accepte que sa femme soit dépressive, prend l'habitude de l'accompagner à ses rendez-vous, va engager une femme de ménage ou constituer un réseau d'amis ou de bénévoles pour lui tenir compagnie. Elle participera peut-être à un atelier de peinture. La vie s'organise à partir de cette réalité dure mais claire : la personne est malade et va le rester. La famille s'adapte, s'ajuste, s'organise, la tension se relâche. On va s'occuper de la personne malade et la vie va continuer, mais autrement. Vivre avec un partenaire invalide est exigeant, mais au moins c'est une situation stable, sans danger, ni surprise. Si en rentrant du travail le souper n'est pas prêt, ce n'est pas grave, on va se débrouiller.

La comparaison peut choquer, mais c'est un peu comme la vie avec une personne alcoolique. Si elle s'enivre presque tous les soirs, c'est toujours pénible pour l'entourage mais au moins on sait quoi faire, on l'aide à se laver, on la met au lit. Si un jour elle arrête de boire, son entourage se met à avoir confiance, trouve le changement fantastique… jusqu'au jour où la personne rechute. C'est alors difficile de voir quelqu'un retomber, et difficile de ne jamais savoir sur quel pied danser.

C'est souvent la compagnie d'assurances qui pousse à faire déclarer invalide une personne qui est en arrêt de travail complet depuis deux ans et, de plus en plus souvent, depuis un an seulement. Lorsqu'une personne est reconnue par des professionnels non plus seulement inapte à son travail, mais inapte à tout travail, donc techniquement, invalide, la personne malade doit faire des démarches pour être indemnisée par la Régie des rentes du Québec. C'est une démarche assez complexe qui implique un formulaire de plusieurs pages. De plus, les patients doivent débourser pour ce service rendu par un professionnel de la santé, car cet acte n'est pas couvert par la gratuité des soins de santé.

Si la personne inapte au travail n'est pas protégée par un régime d'assurances de son employeur, elle sera indemnisée d'abord par l'assurance-emploi, puis par l'aide sociale. Mais après la déclaration d'invalidité, il est prévisible que les autorités de l'aide sociale demanderont que la personne malade passe sous le régime de la Régie des rentes. Elle recevra la même somme totale, mais provenant de deux caisses différentes.

Il arrive que sa demande soit d'abord refusée parce que beaucoup de personnes sont en arrêt de travail pendant six mois ou un an, et pour la Régie, un an n'est pas un temps suffisamment long pour s'assurer que la personne soit reconnue comme vraiment invalide. Mais généralement, après deux ou trois ans, on va conclure à l'invalidité.

EN RÉSUMÉ

Dans cette première partie, nous nous sommes familiarisés sur ce que l'on sait aujourd'hui des différents types de dépression et avec les traitements disponibles. Dans dix ans, on en saura probablement davantage. Pour le moment, et c'est déjà beaucoup, on peut constater, et agir sur ce qu'on constate. Tout comme on ne sait pas pourquoi chez les diabétiques l'insuline n'est pas là en quantité suffisante, mais on peut leur en donner et leur rendre la vie la plus normale possible, on ne sait pas vraiment aujourd'hui pourquoi les neurotransmetteurs perdent de leur efficacité mais on peut utiliser des substances qui vont l'augmenter.

Il est réconfortant de savoir que la recherche fait des pas de géants. L'évolution est maintenant très rapide, ce qui n'a pas toujours été le cas. Le premier antidépresseur date de 1959-1960. Ensuite les développements ont été très lents pendant trente ans. Et puis des traitements plus efficaces sont arrivés autour de 1989. Pour reprendre l'image de l'ordinateur portable, nous avons aujourd'hui des traitements qui nous permettent de recharger la batterie, et d'autres traitements qui permettent de travailler sur le plan de la programmation, à court terme comme les thérapies comportementales, interpersonnelles ou cognitives, et à long terme comme les thérapies familiales et les thérapies psychodynamiques d'orientation psychanalytique.

Il est sûr qu'une approche dynamique qui combine médication et psychothérapie donne une meilleure compréhension de l'ensemble. La convergence des deux approches donne de bons résultats et, surtout, permet aux malades de jouer un rôle actif dans le processus de traitement et éventuellement de guérison. Ainsi, quand le médecin prescrit un médicament, ce n'est pas seulement un antidote au manque d'un neurotransmetteur qu'il donne à la personne dépressive : c'est surtout un outil. Malade, médecin et proches sont dans une dynamique de relation et de patiente collaboration. Tout le monde travaille ensemble à redonner à la personne malade le pouvoir sur sa vie.

Il fallait cette première partie, plus théorique et à certains égards plus aride, pour poser des bases solides sur lesquelles s'appuyer pour parler plus concrètement, maintenant, du soutien que les proches peuvent apporter à une personne dépressive. Les personnes qui vivent avec un proche qui souffre d'une dépression chronique sont soumises à de grandes exigences, mais elles peuvent vivre de très bons moments pourvu qu'elles se soient bien organisées et qu'elles aient appris à bien se situer personnellement. C'est ce à quoi nous allons maintenant nous intéresser.

DEUXIÈME PARTIE
ÊTRE UNE PRÉSENCE ACTIVE
SANS Y LAISSER SA PEAU

Si certaines professions sont très difficiles soit parce qu'elles sont dangereuses, soit parce qu'elles impliquent des horaires variables ou irréguliers ou obligent à des déplacements constants, la « profession » la plus difficile pourrait bien être celle que personne ne choisit, celle d'être un « aidant naturel ». Le policier qui patrouille dans un quartier dangereux, le pompier fréquemment appelé là où des vies sont menacées ou l'infirmière du service d'urgence d'un grand hôpital travaillent sans doute dans des conditions parfois extrêmes, mais quand ils rentrent chez eux, ils peuvent trouver un peu de repos et laisser derrière eux pour quelques heures le poids de leur responsabilité : quelqu'un d'autre aura pris la relève. Mais un aidant naturel est « au poste » 24 heures sur 24 et 7 jours par semaine. Parfois, son seul moment de repos est… quand il s'absente quelques heures pour aller travailler.

Lorsque quelqu'un entre en dépression et surtout si cela se prolonge, ses proches sont confrontés à des exigences qui, si elles ne sont pas toujours extrêmes, sont continues. Outre le souci qu'on se fait pour la personne malade, il faut s'ajuster et s'adapter à la nouvelle situation. Il faut renoncer à une relation légère et joyeuse avec la personne malade devenue subitement taciturne ou irritable, portée à s'isoler, qui n'a envie de rien et s'ennuie, broie du noir et à qui il peut arriver de penser au pire. Une fois qu'il a compris qu'il s'agit d'une véritable maladie qui va durer un bon moment, l'entourage se fait du souci, avec raison, pour cette personne appréciée qui a perdu confiance en elle et en la vie, mais aussi pour le revenu qui ne rentre plus ou qui est diminué, pour le nouveau partage des tâches qu'il faut mettre en place ou les projets qu'il faut remettre à plus tard. Ces renoncements sont tout sauf faciles.

Généralement, l'entourage veut faire du bien à la personne malade mais ce désir est souvent frustré, ce qui expose à entrer dans ce que nous appellerons « le cycle infernal ». Les proches sont de toute manière confrontés à un stress plus élevé et continu. Or, nous avons signalé dans la première partie du livre comment le stress entraîne la production du cortisol qui, si elle dure trop longtemps, peut engendrer des effets indésirables.

Il est donc absolument essentiel que les proches apprennent non seulement à bien prendre soin de l'autre, mais à se protéger eux-mêmes. On pourrait dire que c'est le premier devoir qu'ils ont envers eux-mêmes, mais aussi la chose la plus importante qu'ils peuvent faire pour rester utiles à la personne malade. On est rarement préparé quand arrive la dépression d'un proche. On ne sait pas nécessairement quelle attitude cultiver ou quels gestes poser. Mais ça s'apprend, et ça peut s'apprendre rapidement. Chose certaine, on ne se lance pas à l'eau pour sauver quelqu'un de la noyade si on ne sait pas nager ou si l'on n'a pas au moins une bonne veste de sauvetage.

chapitre 4

Les difficiles débuts

Nous allons nous attarder d'abord à la dépression unipolaire tout simplement parce que si 4 % de la population souffre de troubles bipolaires, c'est 15 % qui souffre un jour ou l'autre de dépression unipolaire. Certains défis pour l'entourage sont les mêmes, mais d'autres sont différents.

Au moment du dessert, la conversation jusque là légère et pétillante a pris un tour plus sérieux. Simon et Claire, les parents de Mélanie, reçoivent avec joie la famille de la sœur de Claire, qui vit à quelques centaines de kilomètres de là. Mélanie, 18 ans, habituellement si heureuse de revoir ses cousins, est bien taciturne ce soir.

– Et toi, ça va, Mélanie, demande sa tante ?

– Bof, ouais, disons que ça pourrait aller mieux ces temps-ci…

– On ne vous en a pas parlé, interrompt son père, mais ses notes ont baissé au collège, elle ne voit plus beaucoup ses amies…

– Oui, s'anime Mélanie : je vois les amies que j'aime !

LES PARENTS DE MÉLANIE

une personne dépressive

97

– … et puis elle ne dort pas beaucoup…

– Si, je dors! Mais j'ai de la difficulté à m'endormir.

– Moi je suis inquiète, dit Claire, parce qu'elle travaille de moins en moins…

– C'est parce que je n'ai pas bien dormi, je ne suis pas capable de travailler.

– Tout ce que je veux dire, reprend Claire, c'est que nous sommes inquiets. Nous ne comprenons pas ce qui se passe et à vrai dire, nous ne savons pas quoi faire.

Les débuts d'une dépression placent toujours l'entourage de la personne malade face à deux défis délicats : comprendre et s'ajuster. Comme nous l'avons vu, la dépression unipolaire est une maladie dont les signes ne sont pas spécifiques. Quand on fait de la fièvre, il suffit de toucher son front pour soupçonner tout de suite qu'on est fiévreux, et si on s'est cassé une jambe en tombant, on sait immédiatement qu'on s'est blessé. Dans les deux cas, on va agir rapidement : si on est fiévreux, on va prendre sa température, puis deux aspirines et se mettre au lit, alors que si on s'est cassé un membre, on va se rendre à l'hôpital sans tarder. Mais dans le cas de la dépression, c'est beaucoup plus sournois. La personne fonctionnait normalement à la maison comme au travail, et puis elle commence imperceptiblement à mal aller. On entend souvent les gens dépressifs dire : j'aimerais mieux avoir des signes clairs que ne pas avoir d'indices explicites.

La personne peut s'apercevoir qu'elle manque depuis quelque temps de concentration ou d'intérêt, ou que tout lui devient lourd, et ne parler de ses malaises à personne en se disant que ça va passer. Inversement, il arrive assez souvent que l'entourage observe avant la personne concernée qu'elle n'est plus la même, qu'elle devient plus irritable, que ses relations sont plus difficiles ou que perdant de l'intérêt pour sortir, elle est portée à se retirer.

Soupçonner que ça peut être une dépression

Nous l'avons vu au début de ce livre : une dépression peut être déclenchée par un événement. Vivre avec les conséquences d'une séparation ou de la perte de son emploi, par exemple, peut s'accompagner d'un profond sentiment d'échec ou constituer une atteinte intolérable à l'estime de soi et déclencher un épisode de dépression. Quand cela se produit, les choses sont plus simples pour l'entourage qui est spontanément compréhensif. Si quelqu'un demande des nouvelles, on fait le lien avec l'événement et on répond : « Il a bien de la misère à s'en sortir. » « Elle est très affectée, elle n'arrive pas à s'en remettre. »

C'est plus tard, quand ça se prolonge, que l'entourage peut rencontrer son premier piège. Il pourra penser, et être tenté de dire : « Secoue-toi un peu ! Reviens-en ! » On n'aura pas encore

C'est quand ça se prolonge que l'entourage pourra être tenté de dire : « Secoue-toi un peu ! Reviens-en ! » On n'aura pas encore compris que la personne est malade.

compris que la personne vit plus qu'une grosse déprime (qui, comme nous l'avons vu aussi au début, est également une réaction à un événement) : elle est malade.

Mais plus souvent qu'autrement, on ne peut faire remonter l'origine de la dépression à un choc clairement identifiable. On observe simplement que la personne n'est plus la même. Elle s'impatiente facilement, elle remet les tâches difficiles à plus tard, elle a moins d'appétit. Elle ne se comprend pas elle-même, ce qui la rend encore plus impatiente.

Cela plonge l'entourage, qu'il s'agisse du conjoint, des enfants ou des collègues de travail, dans l'agacement, l'incompréhension et la perplexité. Qu'est-ce qui lui arrive ? On ne le reconnaît pas ! Il est alors très facile de reprocher à la personne de devenir paresseuse ou de manquer de volonté.

À la recherche d'une explication, on va facilement se mettre à soupçonner qu'il y a peut-être, dans sa vie, des choses cachées, un secret dérangeant. Ou on va « prendre personnel » les mouvements d'impatience ou la baisse d'intérêt de l'autre (« il ne m'aime plus », « il nous *snobe* »). Une femme pourra se demander pourquoi son conjoint l'écoute moins, ne lui parle pas, est moins intéressé, a une libido éteinte. La relation devient à la fois chargée et stérile. On échange de moins en moins, la patience a disparu dans les situations de conflit… Si on n'y fait pas attention, le climat s'envenime et l'atmosphère devient rapidement irrespirable. Ce qui, bien sûr, ne fait qu'empirer les choses.

Les choses seraient tellement moins pénibles pour l'entourage s'il soupçonnait rapidement que la personne est peut-être malade, qu'il pourrait s'agir d'une dépression. Malheureusement, cela vient encore trop rarement à l'esprit. Au milieu des années 1990, j'avais intitulé un de mes premiers écrits, dans la section « Santé » d'un grand quotidien, « La dépression : est-ce encore une maladie taboue? » À l'époque, « dépression » était un de ces mots qu'on ne prononçait pas. Aujourd'hui heureusement, on en parle de plus en plus ouvertement. D'abord, presque tout le monde a affaire ou a eu affaire avec une personne dépressive. Après tout, la dépression est une des maladies les plus répandues au monde. On estime qu'en 2010, ce sera la deuxième maladie en fréquence dans le monde! Selon les réclamations faites aux assureurs, plus de 40 % des invalidités au travail sont reliées à la dépression. La dépression n'est donc pas quelque chose d'exceptionnel. Ce n'est pas comme une maladie rarissime, dont on trouve un cas sur 5 millions… On peut comprendre que consulté à propos de certains symptômes, un médecin québécois ne pense pas spontanément à une maladie tropicale. La dépression,

Pour l'entourage comme pour le malade, considérer la dépression pour ce qu'elle est vraiment, une maladie, est extrêmement libérateur.

au contraire, est très fréquente. Nous l'avons vu dans la première partie : dans notre pays, une personne sur six sera affectée par une dépression. Si on ajoute les proches, c'est facilement une personne sur trois, ou même sur deux qui aura une personne dépressive dans son entourage. Quand donc on observe un changement soudain de comportement, comme lorsqu'un enfant se met à aller moins bien à l'école, lorsqu'une personne commence à prendre de la drogue ou augmente beaucoup sa consommation d'alcool, on peut y voir des avertissements qui peuvent nous alerter et nous signaler qu'on pourrait avoir affaire à une des maladies les plus fréquentes dans la société contemporaine, la dépression.

Ce qu'il faut retenir à ce stade-ci, c'est que plusieurs raisons peuvent expliquer ce changement. Il faudra sortir des suppositions et les passer à l'épreuve de la réalité. Est-ce que c'est une maladie physique ? Des tensions au travail ? Des ennuis financiers ? Une liaison ? Une dépression ?

Se rappeler que la dépression est une maladie

Pour l'entourage comme pour le malade, considérer la dépression pour ce qu'elle est vraiment, une maladie, est extrêmement libérateur. Il est bien possible qu'il y ait des choses à ajuster dans le milieu de travail ou dans la dynamique du couple : il faudra voir à ça en temps et lieux. Pour le moment, acceptons le fait que nous sommes en présence d'une maladie, qui a des implications au niveau neurologique, au niveau psychologique, au niveau relationnel aussi. Il ne s'agit pas de minimiser le volet psychodynamique. À la base du problème, cependant, il y a un dysfonctionnement neurochimique qui peut être rapidement traité, et qui doit l'être.

Se rappeler que la dépression est une maladie qui a une composante biologique permet une distanciation bienvenue. Je reviens plusieurs fois sur ce point pour bien démêler les niveaux impliqués. Redisons-le donc : si un proche « file un mauvais coton », savoir qu'il pourrait s'agir d'une maladie qui se traite aujourd'hui efficacement permet de mieux accepter le comportement désagréable, comme on ferait si on savait qu'il a mal au cœur ou que son ulcère le fait souffrir. On n'attribuera pas spontanément son manque d'intérêt ou sa mauvaise humeur à un problème dans la relation, ce qui engendre généralement beaucoup de tension. Se rappeler que la dépression est une maladie apporte une détente qui permet d'éviter certains pièges et rend disponible pour adopter une attitude aidante.

Échapper au cycle infernal

Dans les premiers temps de la maladie, la personne ne se comprend pas, et les proches sont confrontés à la même perplexité et la même incompréhension. Sachant qu'elle est malade, on éprouve bien sûr de la sympathie et de la compassion envers elle, ce qui se traduit par un authentique désir d'aider. Mais en même temps, on fait face à cette même frustration dont il a été question dans la première partie : on a beau essayer de faire quelque chose pour aider, ça ne fonctionne pas. L'autre fuit, nous échappe, résiste en niant qu'il y ait un problème et affirme que tout va bien, ou, s'il admet être inquiet, ne veut pas qu'on parle de « ça »…

Le mécanisme qui fait que la personne malade ne se laisse pas aider est complexe. Celle-ci est très ambivalente. Comme le tout petit enfant, elle se sent extrêmement dépendante, puisqu'elle constate avec le temps que les choses ne s'améliorent pas et qu'elle est impuissante à s'en sortir toute seule ; en même temps, elle refuse cet état de dépendance. De plus, comme le petit enfant, la personne malade craint plus que tout d'être abandonnée et pourtant, elle va se désinvestir de ses relations avec l'entourage par un retrait social, un isolement, un manque d'intérêt pour les relations.

Il peut se produire alors un complexe mélange des sentiments – en analyse, on appelle ça l'identification projective – où la personne qui déprime donne à l'autre une partie de son vécu. On sait comment une personne anxieuse transmet facilement son anxiété aux autres et une personne qui se sent dépassée par les événements peut transmettre son sentiment d'impuissance à son entourage. Donc les mêmes sentiments risquent d'être là, partagés entre le malade et ses proches : l'anxiété devant l'inconnu, l'impatience devant le manque d'amélioration, la frustration.

Si on n'y prend pas garde, c'est un cycle infernal qui vient de s'enclencher : sympathie → frustration → colère → culpabilité et honte.

Sympathie : j'aime cette personne, j'ai de l'estime pour elle, je ne suis pas indifférent à ce qui lui arrive. Par conséquent, je veux l'aider et j'essaie différentes approches. Mais cela tombe dans le vide, ou je reçois une fin de non-recevoir. Cela engendre chez moi une *frustration* bien légitime. Puisque je n'arrive pas à aider, ma frustration peut devenir si forte que des voix s'élèvent en moi qui me donnent envie de lui crier : « secoue-toi, réagis, fais un homme de toi, fais quelque chose » ou, pire, « arrange-toi tout seul d'abord, débrouille-toi ! » C'est la *colère*. C'est une réaction tout à fait normale. Mais on ne la sent pas comme ça : sitôt après l'avoir éprouvée, et plus fort encore si on s'est échappé et on l'a exprimée à voix haute devant l'autre, on se sent envahi par la *culpabilité*. « J'ai eu ces pensées négatives par rapport à une personne que j'estime et qui, en plus, est présentement particulièrement vulnérable. Peut-être même l'ai-je blessée… » Alors, pour compenser, pour se racheter, on va redoubler de *sympathie*. Et c'est reparti pour un nouveau cycle…

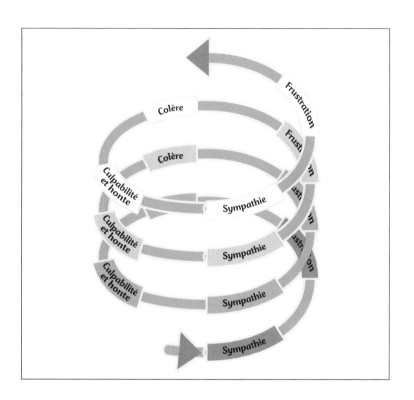

On le voit, ce qui est dangereux pour l'entourage quand la maladie se prolonge, c'est la répétition du cycle sympathie → frustation → colère → culpabilité et honte. Parce qu'on se sent coupable, on veut compenser et se reprendre en redoublant de désir d'être présent, et si la personne malade manifeste encore de la résistance à se laisser aider, la frustration peut être plus vive et la colère encore plus forte, ce qui engendrera davantage de culpabilité. Le cycle devient spirale.

Quant à la *honte*, c'est ce qu'on éprouve face à la société ou aux autres membres de la famille élargie : mon mari ne fonctionne pas, il ne va plus au travail… On se met à refuser des invitations parce qu'on ne veut pas s'exposer au regard interrogateur des autres ni entendre les commentaires. On essaie de cacher sinon le malade, du moins la maladie, et on se cache avec.

Infernal, avons-nous dit.

Pour l'entourage, il est impérieux de sortir de ça pour pouvoir entrer de nouveau, mais autrement, en relation et pouvoir alors être vraiment utile à la personne malade. Il faut devenir capable d'accueillir l'autre dans sa condition pénible, mais en mettant une limite, pour ne pas entrer dans son jeu. Et ça, c'est extrêmement difficile. Cela fait penser aux adolescents : tout le monde sait qu'ils sont capables de provoquer, de frustrer, de faire en sorte que rien ne fonctionne. Les ados vivent une sorte de régression où devant devenir plus autonomes, ils reprennent les mêmes comportements qu'à l'âge de deux ans : non, je veux faire à ma façon. Et ils provoquent. Il n'est pas facile d'arriver à voir ça comme de l'extérieur, de prendre de la distance et de se rappeler que c'est une phase normale qui va passer.

C'est donc le premier grand défi : réussir à sortir, si l'on veut, de la situation, et à la regarder à distance en se demandant : « Qu'est-ce qui se passe ici? D'habitude je ne suis pas comme ça, je ne crie pas comme ça, je ne discute pas avec mon mari ou avec ma femme… Qu'est-ce qui arrive? », en distinguant aussi bien qu'on le peut les réactions de l'autre et ses propres réactions.

Accueillir et valider

Quand on a commencé à prendre cette distance, quand on est devenu capable de n'être plus absorbé dans la souffrance de l'autre, alors on peut mieux l'accueillir. On devient capable de recevoir ce qu'il éprouve et ce qu'il dit, ce qui rend possible un comportement que maîtrisent les professionnels mais que chacun peut vivre au moins d'une manière minimale : la validation.

Valider, c'est reconnaître ce que l'autre vit. Puisqu'on a acquis la capacité de distanciation, au lieu de dire : « Tu t'en fais pour rien », on sera capable de dire : « Tu te sens abattu et découragé et je comprends que tu te sentes abattu et découragé. » Au lieu de penser : « Il est bien méfiant tout d'un coup! », on sera capable de se dire : « Il a de la difficulté à faire confiance aux gens et j'accepte qu'il puisse éprouver cette difficulté. »

En fait, pour les proches, accueillir et valider va encore plus loin, car cela implique la capacité de se laisser remettre en question par l'autre, ce que peu de nous font spontanément. Voici un exemple puisé à mon expérience personnelle.

Un jour, une patiente, Brigitte, me dit que je lui en veux et que je suis en colère contre elle. Ce que je n'éprouvais absolument pas. J'étais très surpris et après un moment, elle finit par m'expliquer : « Chaque fois que vous venez me chercher dans la salle d'attente pour aller à votre bureau, vous me montrez le poing. » Quel ne fut pas mon étonnement ! Je ne ferais jamais cela, bien sûr. Mais elle insistait : « Non, c'est vrai, vous faites ça chaque fois que vous venez me chercher. » Intrigué, j'ai d'abord interprété son affirmation insistante en me disant que c'était sa propre colère qu'elle projetait sur moi. J'ai beaucoup réfléchi, en essayant de comprendre pourquoi je n'aboutissais pas dans la thérapie. Et puis un jour, je me suis rendu compte qu'effectivement, quand je la conduisais à mon bureau, elle voyait un poing fermé. En effet, je sortais ma clé pour ouvrir la porte de mon bureau, et Brigitte voyait mon poing levé sans savoir que c'était pour prendre la clé et ouvrir la porte. Il y avait un geste que je posais réellement, et que la malade interprétait comme un geste hostile et menaçant, à partir de son propre univers intérieur, un peu comme un enfant sensible, un enfant qui a déjà été abusé par exemple, interprète facilement un geste banal comme un geste menaçant.

Le geste perçu était bien réel, c'est l'interprétation que Brigitte en faisait qui bloquait la relation et devait être corrigée. Mais aussi longtemps que la *perception* de Brigitte ne serait pas acceptée et validée, il serait impossible de travailler sur son *interprétation* qui, dans ce cas, était fausse. Ce geste par lequel, au fond, je l'accueillais, était interprété d'une manière tout à fait opposée. Si j'avais répondu sèchement : « Mais non, jamais je ne ferais un geste semblable », je me serais fait répondre : « Oui, vous faites ça, c'est vrai ! » Brigitte se serait sentie disqualifiée et on serait entré dans une dynamique stérile. Il faut éviter cela. Il faut commencer par reconnaître que parfois on perçoit des choses que les autres ne remarquent pas mais qu'on attribue parfois une signification erronée à ce qu'on observe.

Accueillir et valider est extrêmement important pour ne pas disqualifier la personne et ses perceptions. Cela s'applique dans les relations avec toute personne dépressive et même dans les cas de délire qui accompagnent parfois dans la phase de manie d'un malade bipolaire. Une fois qu'il est sorti de cette phase, il ne peut pas toujours dire ce qui est vrai et ce qui n'est pas vrai, parce que le délire est basé en partie sur des observations réelles. Mais reconnaissons que tant pour le malade que pour les proches, ça prend un bon niveau de force intérieure pour reconnaître qu'on s'est trompé dans l'interprétation des faits.

Amener à consulter

Résumons. On a reconnu dans une situation nouvelle et difficile qu'il pourrait s'agir d'une dépression ; en fait c'est peut-être autre chose, mais au moins la dépression est vue comme une possibilité. On a réussi plus ou moins bien à ne pas se laisser piéger dans la dynamique sympathie → frustration → colère → culpabilité et honte. On est capable de prendre suffisamment de distance pour comprendre ce qui se passe chez l'autre et cela rend possible un véritable accueil de l'autre avec ses perceptions et ses interprétations. Il reste maintenant à amener la personne à vouloir consulter pour vérifier si oui ou non, on a affaire à une maladie, la dépression. C'est un des plus grands défis pour l'entourage, parce qu'en général, les « malades » ne veulent pas consulter. Comment faire ?

Il n'y a pas ici de recette miracle ou de clé passe-partout. On peut commencer d'une manière indirecte, par exemple profiter de ce livre et dire à notre proche quelque chose comme « J'ai vu ça, j'ai pensé à toi quand je l'ai vu, peut-être que tu peux lire cette page-là et voir si ça te dit quelque chose. » On peut s'informer auprès du CSSS ou de la pharmacienne s'il existe un dépliant ou une cassette qu'on pourrait se procurer. On pourrait suggérer : « Regarde, il y a un organisme qui offre une conférence mensuelle et la prochaine pourrait nous intéresser, j'aimerais que nous y allions ensemble, on va peut-être comprendre quelque chose. »

Une telle suggestion, si elle est bien faite, a des chances de réussir, car la personne qui est en dépression est perplexe. Mais comme il faut de doigté parfois! La personne malade peut si facilement prendre les observations des autres comme une accusation du genre « il faut que tu changes, tu n'es pas correct, tu me compliques la vie… » : c'est disqualifiant et ça ne dispose vraiment pas à aller consulter. L'accusation aggrave la situation. Déjà que la dynamique d'opposition complique suffisamment cette étape : « Je pense que nous avons besoin d'aide. On va aller voir ensemble. Si on allait consulter tel organisme… – Non! Je n'ai pas besoin de ça! – Mais j'aimerais quand même qu'on y aille ». Après, il s'agit de faire confiance aux professionnels pour faire la part des choses. Je me rappelle un couple que j'avais rencontré à la demande du mari qui s'inquiétait, estimant que sa femme était folle. Je rencontre les deux séparément et pendant que monsieur reste dans la salle d'attente, la dame me dit : « Mon mari est fou. Il me tyrannise, il est impossible à vivre… » Voilà un couple où chacun accuse l'autre, c'était une dynamique extrêmement empoisonnée. Heureusement, les psychothérapeutes ont appris à manœuvrer dans les situations difficiles, à repérer les dynamiques sous-jacentes comme les résistances, et à identifier les signes qui permettent de poser un bon diagnostic.

La plupart du temps, donc, on peut convaincre la personne d'aller consulter, mais trop souvent, ça ne fonctionne pas. Moi-même, qui ai trente ans d'expérience, je n'arrive pas toujours à convaincre les personnes. Même avec quelqu'un d'expérimenté, qui met bien en œuvre la distanciation, ça ne fonctionne pas toujours. Il n'y a rien à faire, la personne malade ne veut rien entendre, elle n'ira pas. Parfois il faut accepter cela provisoirement. L'aggravation de l'état de la personne finira peut-être par engendrer chez elle une inquiétude qui la disposera à demander de l'aide un peu plus tard. Mais il existe des situations extrêmes qu'il faut mentionner ici, où une personne refuse de consulter alors qu'elle le devrait absolument. C'est surtout le cas quand la personne nourrit des pensées suicidaires. Alors il faut parfois la forcer à venir consulter à l'urgence. Dans le cas où elle constitue présentement un danger pour sa vie ou pour celle des autres, on pourrait aller jusqu'à requérir une ordonnance de la Cour pour obliger une personne à se soumettre à une évaluation.

Naturellement, quand on a affaire à une deuxième ou une troisième dépression, il est généralement plus facile de faire accepter de consulter. Se sentant plus vulnérable et plus sensible, comme dans le dépression précédente, et craignant plus que tout que cela se reproduise, la personne malade accepte beaucoup plus facilement le traitement et les interventions des spécialistes. Elle n'a généralement aucune envie de repasser par où elle est déjà passée.

Les proches sont généralement soulagés, avec raison, une fois que la personne malade est entre bonnes mains. Mais leur présence n'en devient pas pour autant moins importante, comme nous allons le voir maintenant.

Quand faut-il amener la personne à l'hôpital ?

La réponse est assez simple : en principe, quand il y a un besoin vital. L'hôpital est là pour protéger la vie et la santé des citoyens. Si une personne devient dangereuse pour elle-même ou pour les autres, on doit l'amener à l'urgence. Mais ce pourrait être aussi parce que ses proches ne peuvent plus assurer, pour le moment, l'environnement sécuritaire dont elle a besoin. On peut encore amener quelqu'un à l'urgence si, par exemple, elle ne dort pas du tout depuis quelques jours et a toujours refusé de consulter mais donne soudain son consentement un samedi matin alors qu'il est impossible de rencontrer son médecin de famille : il ne faut pas laisser passer l'occasion. De toute façon, ce sont les spécialistes de l'urgence qui détermineront s'il y a lieu d'hospitaliser ou non la personne. Peut-être suffira-t-il d'ajuster la médication pour pouvoir ensuite la retourner chez elle. Car il y a 300 000 Québécois en dépression et 200 000 qui à un moment ou l'autre pensent au suicide, mais il n'y a pas 200 000 lits d'hôpital disponibles ! Bref, en situation d'urgence il ne faut pas hésiter à venir à l'hôpital. Sinon, mieux vaut rencontrer son médecin ou demander du soutien au CSSS voisin.

chapitre 5

La vie au quotidien

Juanita, une jeune femme à la fin de la vingtaine, ne va vraiment pas bien. Elle qui déjà vit seule en appartement ne sort plus du tout. Après le travail, elle rentre chez elle, n'appelle plus personne et refuse toutes les invitations qu'on lui fait. Elle est complètement désorganisée. Son père Hugo est très inquiet. Il réussit à avoir au téléphone la psychologue de Juanita.

– Je sais que vous êtes liée par le secret professionnel, mais je voudrais seulement vous demander de me dire comment je peux aider ma fille. Nous avons une bonne relation elle et moi et je me demande ce que je pourrais faire.

La psychologue répond :
– J'aimerais vous suggérer trois choses si c'est possible pour vous. D'abord informez-vous sur la maladie de votre fille. Il y a des organismes qui ont de la documentation gratuite et vous pouvez aussi trouver beaucoup de choses sur Internet. Puis, gardez le contact avec elle, sans faire de pression, simplement pour manifester votre présence.

Quand la médication fera effet, elle pourrait avoir envie d'aller vous visiter de temps en temps. Enfin, si elle est d'accord, peut-être pourriez-vous venir participer à nos rencontres ou à certaines d'entre elles.

Hugo remercie et ajoute :
– Je pense que je pourrais aussi mettre un peu plus de structure dans ma propre vie. Je pense que si Juanita trouvait un milieu plus équilibré quand elle vient chez nous, ça pourrait l'aider à se structurer. Parce que j'avoue que chez nous, c'est un peu bordélique.

Comment vivre avec une personne dépressive ? Tout d'abord, nous le savons maintenant, le simple fait de savoir et de comprendre que la dépression est une maladie est aidant. Ça met une distance. Sinon, on est trop proche de ce mélange de projections venues du passé qui rendent difficile de comprendre qui est qui, qui fait quoi et pourquoi. Ceci dit, voici une série d'attitudes et de comportement susceptibles d'aider toute personne qui « vit avec une personne dépressive ». À chacune de reconnaître ce qui est utile à sa situation.

Soutenir dans le traitement

Puisque la dépression comporte une dimension biologique qui peut être traitée, les proches peuvent aider le malade à accepter la médication qui lui est proposée et veiller à ce qu'il la prenne régulièrement jusqu'à ce que le médecin en décide l'arrêt, qui est toujours progressif.

Maintenir la communication

Il n'est pas rare que dans les premiers temps de la maladie, avant que les traitements commencent à avoir des effets, la personne malade soit taciturne et s'isole. Parce que, peut-être, plus rien ne l'intéresse, la conversation devient presque impossible. Quoi de plus éprouvant pour les proches que de ne recevoir pour toute réponse à leurs questions que des soupirs ou des onomatopées !

Il est normal qu'une personne malade, quelle que soit d'ailleurs la maladie, éprouve le besoin d'être seule de temps en temps, deux heures ou une demi-journée, et les proches vont sentir qu'il leur faut respecter ces plages de solitude où, au fond, la personne ménage ses énergies. Mais quand ça se prolonge au-delà de quelques heures, de quelques jours, il est normal aussi qu'on se fasse du souci. Quand dans un couple, l'un n'est pas bien, l'autre finit par demander « Mais qu'est-ce qui se passe ? » On n'a pas besoin de « jouer au thérapeute » pour avoir une inquiétude normale et pour l'exprimer. Une fois qu'on a compris que ce comportement n'est pas un geste de mauvaise volonté ou ne dépend pas d'une brouille, mais bien d'une maladie, si on aime la

> Si on aime la personne, on va se découvrir les trésors de patience et d'ingéniosité pour maintenir un minimum de communication.

personne, on va se découvrir les trésors de patience et d'ingéniosité pour maintenir un minimum de communication et éviter que la personne malade ne se referme totalement sur elle-même. Et comme les amants qui varient leurs stratégies de séduction, il est souhaitable que les proches qui vivent avec une personne dépressive trouvent des façons variées d'empêcher l'isolement et de garder un minimum de communication. On peut par exemple demander son aide pour une tâche dans laquelle elle est habile ou proposer une activité ou une sortie dont on sait que la personne retire habituellement du plaisir.

Le maintien de la communication est particulièrement difficile avec les enfants et les adolescents dépressifs. D'une part, ils n'ont pas encore le sens de l'interdépendance qui les rendrait conscients que ce qu'ils font ou ce qu'ils vivent a une influence sur les autres, surtout les proches ; d'autre part, il y a peu d'enfants capables de parler de leur vécu et les adolescents sont dans une phase de révolte et de revendication d'indépendance qui impose une communication altérée avec leurs parents.

Éviter les confrontations inutiles

Puisque la maladie comporte aussi une dimension psychologique qui prend les traits d'une régression aux conflits des premiers stades de l'enfance, on peut comprendre que confronter directement le malade ne soit peut-être pas une bonne stratégie. Cela peut engendrer une résistance qui serait stérile. Il est important d'éviter des interventions maladroites qui seraient vécues comme une intrusion. Au lieu de dire brusquement « Non, mais ça ne va pas? », on peut demander « Qu'est-ce qui se passe? » et faire ainsi sentir à l'autre qu'on se fait vraiment du souci et qu'on cherche à comprendre. Il vaut mieux entretenir la conversation autour de faits objectifs (« Tu as encore mal dormi? », « Tu n'as vraiment pas d'appétit ces temps-ci ») qu'autour de sujets plus sensibles (« Ça doit être encore une conséquence du fait que tu as été abusée quand tu étais petite » ou, dans le cas d'une personne en manie, « Tu ne trouves pas que tu exagères? »).

Dans le cas de la maladie bipolaire, surtout de type I, les proches voient avec inquiétude « venir » une nouvelle phase de manie. Peut-être la personne ne fonctionne-t-elle pour le moment qu'à 110 % et dira qu'il ne faut pas s'en faire, que ce n'est pas comme une fois précédente, mais c'est l'accélération qui inquiète l'entourage, avec raison. Ici encore, toute intervention frontale risque d'être stérile. Reprocher à l'autre de manquer de jugement ne fera que le braquer car personne, c'est bien connu et même démontré par des recherches sérieuses, n'admet avoir un mauvais jugement même si on peut reconnaître qu'on en a manqué en prenant telle décision ou en posant tel geste. Les proches gagnent plus à faire part de leur inquiétude en disant objectivement ce qui la motive, à rappeler délicatement au malade comment il est entré précédemment dans des phases de manie, à le presser d'être bien fidèle à sa médication.

Si on veut prendre une comparaison, on peut penser à la différence entre les gestes du karaté et les gestes du tai-chi. Ces derniers n'expriment aucune violence ni agressivité et sont comme une invitation lancée à l'autre de venir doucement vers soi. C'est ce qui se passe quand au lieu de lui dire « Pourquoi tu ne nous parles pas ? », on lui dit « Je suis inquiète » ou « Je m'ennuie de nous ».

Participer à la thérapie

Si la personne se fait accompagner dans une démarche de psychothérapie, les proches peuvent aider en acceptant d'être partie prenante si on le leur propose. Pour prendre la mesure de la réalité, le regard extérieur est important aussi bien pour la personne malade que pour le thérapeute. Car, nous l'avons vu, la dépression ne se laisse pas dépister facilement. Ses signes ne sont pas spécifiques comme ceux de la rougeole qu'on reconnaît facilement. Tout comme la fièvre qui peut signifier bien des formes d'infection, ou une douleur au milieu de la poitrine qui peut résulter d'autre chose qu'un problème cardiaque, on ne peut conclure rapidement à la présence de certains symptômes qu'on a affaire à une dépression.

Le témoignage des proches peut jouer un rôle important aussi bien dans le diagnostic que dans le traitement parce qu'il y a une différence entre une évaluation objective, de l'extérieur, et une évaluation subjective. Ce qui compte, ce sont les deux. Voilà pourquoi il est souvent très précieux et pour le malade, et pour le médecin, de pouvoir rencontrer le malade avec ses proches.

Le témoignage des proches peut jouer un rôle important aussi bien dans le diagnostic que dans le traitement.

Par exemple, si on a commencé à traiter quelqu'un pour une dépression sévère, il n'est pas rare d'observer, quand on revoit la personne deux semaines plus tard, une courbe différenciée. La famille dit : « Oui, il va un petit mieux, il dort mieux, il mange un peu plus » alors que de son côté, le malade proteste : « Non! Ça va moins bien ». Encore deux semaines plus tard, les proches disent au médecin : « Il va mieux, en effet il reste plus longtemps avec nous, il s'isole beaucoup moins dans sa chambre ». « Non, non! C'est pire que la dernière fois », affirme-t-il avec véhémence. On dirait qu'il tient à sa dépression.

L'insistance du malade peut même parfois ressembler au délire. Le délire est une pensée fausse qui ne vient pas de la culture. Par exemple, dans les cultures anciennes on pensait que la terre était plate. Nous savons aujourd'hui que cette idée était fausse, mais une personne qui l'aurait soutenue alors ne souffrait pas de délire. Il en va autrement aujourd'hui dans le cas où quelqu'un affirme que la terre est plate et que les images de la terre vue de l'espace sont des images artificielles, des faux fabriqués par la CIA ou le complexe militaro-industriel pour mieux dominer les peuples du monde ! On trouve du délire chez les personnes qui souffrent de psychose et qui diront au thérapeute ou à leurs proches : « Vous faites partie du complot, vous êtes envoyés par la GRC, ces pilules-là c'est pour mieux me contrôler parce que moi je sais la vérité… » Quand quelqu'un souffre vraiment de délire, on essaie d'encapsuler l'objet du délire, car si on va contre, on ne fait qu'accentuer la réaction de résistance et déni.

Avec une personne qui souffre de dépression sévère, l'obstination dans la négation de la maladie ou de l'amélioration n'est pas un délire dans le sens de la psychose. On ne va surtout pas la contrer directement, car on provoquerait une résistance qui déformerait ce qu'on dit, comme si on disait que toutes les idées du malade sont fausses. Et ça, c'est pour lui une blessure impensable.

Si donc l'entourage observe une amélioration, constate objectivement des changements, c'est là-dessus qu'il appuiera sans s'engager dans une discussion avec le malade qui serait stérile :

– Ça me fait plaisir de voir que le sommeil va mieux, que tu arrives à dormir.

– Non ! Je n'ai pas dormi de la nuit !

– Pourtant je me suis levée deux fois et tu dormais.

– Non ! Tu pensais que je dormais mais je ne dormais pas !

C'est une lutte inutile dans laquelle il ne faut pas entrer. Ça ne marche pas avec eux. Il y a dans la protestation quelque chose de narcissique, une affirmation et une défense de son « moi », qu'il faut respectueusement entourer de soin plutôt que combattre.

Mettre ses limites et les (faire) respecter

Qu'ils soient conjoint ou conjointe, père ou mère, fils ou fille, ami intime ou partenaire au travail, les aidants naturels ont des contacts étroits avec la personne atteinte par la dépression. C'est pour cela qu'on dit « les proches ». Et face à la maladie de quelqu'un d'important pour nous, le mouvement naturel est de se faire encore plus présent. De se rapprocher davantage en se faisant plus attentif, plus prévenant, plus protecteur aussi. Autrement dit, plus « proche ».

C'est bien. C'est noble. C'est généreux. Mais ce peut être aussi un terrible piège.

On n'arrête pas
d'avoir sa propre
vie à vivre parce
que la maladie met
entre parenthèses
plusieurs pans de
celle de l'autre.

On ne devient pas un surhomme ou une superfemme parce qu'un proche a soudainement besoin de nous. On n'arrête pas non plus d'avoir sa propre vie à vivre parce que la maladie met entre parenthèses plusieurs pans de celle de l'autre. On continue d'avoir ses propres besoins physiques et sociaux. Et nul n'est tenu à l'héroïsme. Il est sans doute inévitable que pendant les premiers jours ou même les premières semaines de la maladie, on soit davantage centré sur la personne affectée et qu'on mette ses propres projets et même certains de ses besoins en suspens. Mais lorsque la situation semble se stabiliser et se prolonger, il est important de s'acquitter aussi de ses devoirs envers soi-même. Et le premier devoir est celui de mettre ses limites, de les respecter et de les faire respecter.

LA CONJOINTE DE PATRICK

Patrick, au début de la soixantaine, avait toujours besoin de soigner sa dépression. Le problème, c'est que dès qu'il commençait à sentir une amélioration, il arrêtait de prendre ses médicaments. « Je n'ai pas besoin de ça, disait-il, et puis je ne veux pas devenir dépendant des médicaments. » Gisèle sa conjointe était au désespoir car plus d'une fois, il a piqué du nez et elle a dû l'amener pour se faire traiter. Patrick a fini par accepter la solution proposée par son médecin : « Puisque votre travail représente quand même un poids, un facteur de stress important, pourquoi ne pas continuer le traitement aussi longtemps que vous allez travailler ? » Et effectivement, il n'a pas eu de rechute, on a réussi à stabiliser la maladie. Approchant de l'âge de la retraite, Patrick vient voir le médecin avec Gisèle et annonce : « Dans quatre mois, j'aurai fini de travailler, je vais enfin pouvoir arrêter mon traitement. » Alors Gisèle explose : « Écoutez, docteur, pendant des années j'ai supporté ses dépressions avec tout ce que ça comportait de pénible, les absences du travail, l'insécurité financière, et là on arrive à la retraite où on pourrait finalement être bien, avoir une belle vie, et il voudrait recommencer de nouveau ! Bien moi j'en peux plus ! »

Les limites dont on parle ici sont de deux ordres. Il y a les limites personnelles d'une personne qui ne peut pas tout faire ni tout accepter et qui dit *Stop!* Et il y a les limites auxquelles on sera tôt ou tard confronté si on ne répond pas d'une manière satisfaisante à ses besoins personnels.

Dans le premier cas, il s'agit de se protéger de comportements qui nous nuisent : « Quand tu t'exprimes comme ça, je me sens agressée et je ne puis plus être proche ». La limite représente alors une sorte de mur invisible que l'on dresse entre soi et la personne malade mais peut-être aussi avec d'autres membres de l'entourage. Cette frontière signifie : « Tu n'entres pas là, j'ai besoin de cet espace ».

Dans le deuxième cas, la limite provient de la reconnaissance et du respect de ses besoins fondamentaux. Face aux besoins de l'autre, qui vit une épreuve et parfois même de la détresse, l'aidant naturel a aussi ses propres besoins. « J'ai besoin de sommeil, je ne peux rester à côté de toi des heures à t'écouter la nuit, même si tu es angoissé. » « J'ai besoin de me détendre, de changer d'air, alors demain je vais partir pour la journée ou pour quelques heures vivre une activité avec mes amis. »

C'est au fil des jours, en étant attentif à ses propres réactions, qu'on apprend à reconnaître ces deux sortes de limites. On arrive à identifier ce que l'on ne peut pas accepter, à mesurer jusqu'où on peut aller dans tel domaine, à reconnaître ce qui est de nature à nous changer les idées et contribuer à notre équilibre. Et au fur et à mesure que cela se clarifie, il est capital de savoir le dire autour de soi, en particulier au proche malade. Quand on arrive à faire ça, ça se passe beaucoup mieux que quand on en est incapable.

Dans notre société qui se veut permissive et tolérante, il est souvent difficile d'établir des limites claires. Jusqu'à la vulgarisation des idées du docteur Spock au début des années 1960, les parents ne se faisaient aucun scrupule de mettre des limites claires à leurs enfants. Quand un comportement était jugé inacceptable, ils disaient : « Va réfléchir dans ta chambre » ou « Si tu ne manges pas tes légumes tu n'auras pas de dessert ». Les limites n'étaient peut-être pas toujours appropriées, mais au moins les règles du jeu étaient claires. Les enfants grandissaient en s'appuyant sur des structures extérieures qui finissaient par leur donner une structure intérieure, un système de valeurs, des normes de comportement en société, des formes élémentaires de respect de l'autre.

Depuis une vingtaine ou une trentaine d'années, les parents ont donné beaucoup plus de latitude aux enfants. Ils les ont beaucoup moins encadrés en leur imposant des limites à respecter. On voit même assez souvent des parents qui ont à la maison un jeune enfant qui n'a, après tout, que 31 ans et qui font pour lui des choses ou qui en prennent soin comme si c'était un enfant de douze ans. Cela s'explique souvent moins par un souci éducatif (par exemple pour ne pas « priver » ou « brimer » l'enfant) que par leurs propres besoins de donner à leurs enfants ce qu'eux-mêmes n'ont pas reçu. De même, à l'école, on valorise beaucoup l'autonomie des élèves, ce qui fait que l'on « ferme les yeux » sur des comportements qu'on aurait autrefois sinon interdits, du moins encadrés plus fermement. Retenons simplement pour notre propos qu'il n'est pas facile aujourd'hui d'établir des limites et de les (faire) respecter.

Cette question des limites est particulièrement importante pour les proches de personnes souffrant de troubles bipolaires qui sont en

Cette question des limites est particulièrement importante pour les proches de personnes souffrant de troubles bipolaires qui sont en phase de manie.

phase de manie. On ne peut empêcher un homme d'affaires de travailler 16 heures par jours sept jours par semaine pendant deux ou trois semaines parce qu'il prépare une soumission pour le contrat du siècle, on peut même manifester son soutien en assumant plus de tâches ou en lui ménageant de petites surprises. Mais si ça dure deux ou trois mois, c'est autre chose. Si c'est au casino que quelqu'un passe seize heures par jour, il y a lieu de s'inquiéter. Voilà pourquoi le maintien de la communication, dont nous venons de parler est si important.

Si on a maintenu une communication vraie et la plus détendue possible durant les phases dépressives, il sera plus facile de faire part de ses limites ou de ses inquiétudes durant la phase de manie : sans jouer au thérapeute, on peut tout à fait dire : « Je me fais du souci pour toi parce que même si tu es très efficace, j'ai peur que tu sois en train de t'épuiser et j'ai peur de ne pas pouvoir moi-même tenir le coup » ou « Toutes ces dépenses ça me cause un stress et une inquiétude que je ne veux pas vivre ».

Accepter toutes ses pensées

Une autre manière de prendre soin de soi et de se garder par là intérieurement disponible pour accompagner un proche dépressif, c'est d'accueillir sans les censurer ses émotions et les pensées qu'elles engendrent. Un aidant naturel peut éprouver plusieurs sentiments.

Au début de la maladie, par exemple, il n'est pas rare qu'il éprouve de l'incompréhension ou de l'agacement devant ce qui se passe, à savoir que sans raison apparente, l'autre change, se replie sur lui-même, est plus impatient, remet tout à plus tard, dort moins bien… Il peut être irrité, avoir envie de secouer l'autre en lui disant : « Comment ça se fait que tu ne bouges pas? » ou en lui chantant, avec Aznavour, « Tu te laisses aller ». Une fois qu'il a compris qu'il s'agissait d'une maladie, il peut éprouver de la sympathie, vouloir être plus compréhensif et pourtant être troublé d'éprouver des sentiments agressifs qu'il ne comprend pas toujours : « Pourquoi est-ce que je pense ça? » Quand cela se produit, on se reproche souvent ces pensées négatives et on peut être tenté de les réprimer.

On peut observer ici une différence entre ce qu'enseignent l'Église ou les tenants de la « pensée positive » et les psychiatres. Pour l'Église, à côté des péchés par action ou par omission d'agir, il y a aussi des péchés de pensée, par exemple des mouvements de colère et de vengeance ou une préoccupation excessive de soi-même. Pour les tenants de la pensée positive, il faut chasser toutes les pensées négatives qui non seulement empoisonnent l'existence, mais peuvent causer des événements négatifs dans la réalité. En psychiatrie au contraire, on encourage les pensées mais on décourage l'agir. Il est sain d'éprouver de la colère, il est important de reconnaître qu'on est en proie à des désirs de vengeance, mais il se peut que ce soit une très mauvaise idée de passer à l'acte. C'est donc à titre de psychiatre que je crois salutaire de recommander d'accueillir toutes les pensées et les émotions soulevées par la situation difficile dans laquelle entraîne la dépression d'un proche.

Si on n'y prend pas garde, les pensées et les émotions réprimées vont refaire surface plus tard d'une manière potentiellement destructrice, ce qu'on appelle le retour du refoulé. Il faut donc éviter qu'elles s'accumulent. Or, quand une dépression dure deux ou trois mois, c'est déjà très long comme maladie : imaginons quelqu'un qui aurait une grippe pendant trois mois… ! Que dire alors quand ça se prolonge plusieurs mois ou même quelques années ! Il est donc important d'accueillir ses émotions comme elles se présentent dès qu'elles se présentent, mais en distinguant bien l'émotion de leur expression en actes. Sinon, telle personne qui aura été pendant quelques semaines d'une générosité exemplaire explosera un bon soir à propos d'un incident mineur et cette explosion pourra avoir sur toutes les personnes impliquées des conséquences dramatiques.

Se garder de la culpabilité

S'il est une émotion qui plus que tout peut empoisonner l'existence, c'est bien la culpabilité. Voilà pourquoi elle mérite une section à part.

Bob a vécu pendant quelques années une dépression associée à un cancer. Sa femme Sheila en a pris soin longtemps avec amour. Pourtant, elle ne pouvait s'empêcher d'avoir des pensées destructrices envers Bob, pensées qu'elle trouvait bien sûr inacceptables et qu'elle se reprochait constamment. Le psy qui l'aidait a essayé de travailler ça avec elle en l'invitant à mettre une distance, une limite et à reconnaître que ces pensées étaient tout à fait normales dans les circonstances. Mais Sheila n'a jamais vraiment réussi à établir un équilibre entre les besoins de son conjoint et ses besoins à elle. Ce qui est arrivé, c'est que même après que Bob eut été emporté par le cancer, son emprise est demeurée. Sheila s'est sentie extrêmement coupable après sa mort. Cela a duré au delà d'une période normale de deuil.

Pour compliquer les choses, Bob était mort une première fois à l'hôpital, et l'équipe médicale l'avait intubé pour le réanimer, comme on le fait souvent. Après un certain temps, voyant que l'état de Bob ne montrait aucun signe de possibilité de survie, les médecins ont demandé à Sheila de prendre la décision de le débrancher. C'était en fin de semaine. Le lundi, elle a dit non, et le mardi aussi. Le médecin lui disait : « Écoutez… il n'y a vraiment plus rien à faire… » Souvent, ce délai est précieux : il sert à préparer la personne survivante au départ. Finalement, le mercredi, Sheila a dit oui. Eh bien, deux ans après elle se reprochait encore d'avoir tué son mari. Ce reproche était associé aux pensées qu'elle avait eues avant la mort de Bob de vouloir s'en débarrasser, pas de vouloir le tuer, évidemment,

mais l'idée de s'en débarrasser sans pouvoir avouer
qu'il est normal d'éprouver des sentiments de colère
ou d'agressivité. Il a fallu beaucoup de patience
pour voir clairement que ce n'est pas elle qui avait
pris la décision de la mort de Bob, qu'il était déjà
mort et qu'on l'avait gardé artificiellement vivant
pour lui permettre à elle son travail de deuil… Elle
s'est sentie quand même coupable de n'avoir pas été
là, de n'avoir pas fait les bons gestes.

Il n'est évidemment pas rare que la personne
dépressive soit elle-même en proie à des sentiments de culpabilité. Elle se sent coupable
d'être un poids pour son entourage, elle se
sent coupable de ne pas prendre de mieux
assez vite, peut-être même se sent-elle coupable d'être malade et responsable de sa propre
maladie (« C'est ma faute, j'aurais dû avoir un
rythme de vie plus équilibré, j'aurais dû prendre soin de moi, j'aurais dû être plus présent à
ma mère avant sa mort… »). Si les proches n'y
prennent pas garde, ils peuvent être contami-
nés presque à leur insu par cette culpabilité
sournoise du malade.

Mais il y a aussi la culpabilité que ressentent les
proches eux-mêmes. Quand nous avons parlé
plus haut du « cycle infernal », nous avons vu
qu'on pouvait se sentir coupable d'éprouver
les pensées et les émotions négatives qui peuvent monter en soi, comme chez Sheila, contre
la personne malade. On peut aussi être assailli
de telles pensées négatives en se reprochant de

n'avoir pas été assez présent à l'autre, de ne pas l'avoir suffisamment aimé, sans quoi peut-être il ne serait pas tombé malade.

Il y a aussi une culpabilité secrète qu'il est important de mettre ici en lumière. Il est bien connu dans le traitement des toxicomanes qu'un véritable processus de libération et de guérison ne peut à peu près pas commencer tant que la personne n'a pas touché le fond, le bas fond. Il faut qu'elle ait touché la limite de la souffrance, sa propre limite, pour trouver ce qui lui reste d'énergie pour rebondir et vouloir s'en sortir. C'est probablement l'attitude la plus difficile à cultiver et à maintenir pour les parents ou le conjoint d'un toxicomane que de s'abstenir d'intervenir sauf en cas de menace à sa propre vie ou à celle du toxicomane, et donc de laisser l'autre, pour ainsi dire, couler. C'est presque une mission impossible que de résister à la volonté de lui glisser des coussins pour ne pas qu'il se fasse mal.

Dans le cas d'une personne qui s'enfonce dans la dépression, c'est d'autant plus difficile que toucher le fond, c'est très souvent être habité par des pensées suicidaires, là où c'est littéralement une question de vie ou de mort. L'aidant naturel ne peut s'empêcher de penser : « Si je laisse la personne aller jusqu'à toucher le fond, elle pourrait se tuer. Et alors je me sentirais responsable de sa mort. » Quand on est témoin de cette descente, on a tendance à oublier qu'en fait, à peu près tout le monde, même sans faire de dépression, a pu avoir des pensées de mort, des pensées de mourir, de se suicider, mais que c'est un nombre infime de personnes qui passe à l'acte.

De plus, la culpabilité est vraiment une arme redoutable que des malades savent utiliser, la plupart du temps inconsciemment, pour que les gens ne les laissent pas tomber. La menace de suicide est généralement un signal de détresse, un signal que la personne n'en peut plus. Mais elle est parfois utilisée aussi comme une arme contre l'autre, une manipulation subtile de l'autre. Plusieurs aidants naturels mettront beaucoup de temps à se libérer de la culpabilité appréhendée : j'aurais dû intervenir et je ne l'ai pas fait, c'est de ma faute s'il est rendu si bas.

Enfin, la société elle-même, ou plus concrète-ment l'environnement immédiat des aidants naturels, vient parfois compliquer les choses. La société, ou les cousins, les beaux-parents, que sais-je, ont malheureusement tendance à culpabiliser les aidants naturels s'ils prennent soin d'eux-mêmes, s'ils respectent leurs besoins en se faisant du bien par une activité sportive, un voyage, une sortie entre amis. « Tu n'as pas honte de laisser l'autre seul à la maison dans son état? Tu ne penses donc qu'à toi?... » Pas besoin de faire un dessin pour comprendre avec quelle efficacité cette pres-

La culpabilité est vraiment une arme redoutable que des malades savent utiliser pour que les gens ne les laissent pas tomber.

vivre avec...

sion peut agir sur quelqu'un. Sur le plan social, il arrive que suite à un suicide, on ne se gêne pas pour dire : « Vous auriez dû surveiller son armoire à médicaments ! Vous auriez dû le faire hospitaliser ! Vous auriez dû détecter les signes qu'il était sur le point de passer à l'acte. » Comme s'il était possible d'empêcher les drames, comme si nous étions des dieux tout puissants ou des fées avec leur baguette magique.

Nous, médecins, avons appris à mettre nos distances intérieures entre nous-mêmes et nos patients et à ne pas être rongés par la culpabilité lorsque nos interventions se soldent malgré tout par un échec. Nous apprenons avec le temps à mettre des limites à l'intérieur, à comprendre ce qui est possible et ce qui est impossible, à accepter de ne pas toujours réussir, à *renoncer à* avoir le don de *la toute puissance* comme nous le verrons un peu plus bas. Les aidants naturels doivent viser une pareille distance intérieure, particulièrement par rapport à la culpabilité.

Ceci dit, la culpabilité a pourtant au plan psychique une fonction importante. Elle sert à plusieurs choses, et en particulier à garder les liens entre les personnes. Ce n'est pas mauvais en soi de se sentir coupable si on a blessé quelqu'un. À la différence d'une personne normale, un psychopathe va blesser quelqu'un sans ressentir la moindre culpabilité. La culpabilité a pour fonction sociale et psychologique de maintenir le lien entre les personnes. Il ne s'agit donc pas de chasser ou de réprimer la culpabilité. Il s'agit de ne pas tomber sous son emprise et de ne pas s'enfermer dans d'interminables reproches qu'on se ferait à soi-même et qui pourraient facilement conduire à une perte d'estime de soi. La culpabilité peut alors nous étrangler, nous étouffer complètement.

Bref, des sentiments de culpabilité sont probablement inévitables, et il est extrêmement important de savoir les reconnaître, les accueillir et les traiter pour éviter qu'ils prennent toute la place. Les personnes qui, comme Sheila, n'y arrivent pas souffrent énormément, aussi bien de la détresse que du sentiment de la colère qui les ronge. Si parfois on a tant de peine à mettre la juste distance entre soi et la personne malade, c'est souvent parce qu'il est trop difficile, comme parents ou comme conjoint, de supporter l'image de celui ou celle qui a laissé tomber l'autre. On se le reprocherait toujours. Ça revient à la culpabilité en tant que ciment social, mais ça touche aussi à un autre aspect que nous allons maintenant aborder : l'illusion de la toute puissance, en particulier l'illusion de l'amour tout puissant : « Parce que je l'aime, je peux réussir. Je vais le guérir. »

Un dernier mot sur la culpabilité au sujet des enfants d'une personne dépressive. Ils vont très facilement se sentir coupables de la situation.

Il leur vient vite à l'esprit que c'est à cause d'eux que leur père ou leur mère est malade et cela peut les ronger et les rendre très tendus et extrêmement malheureux. Voilà pourquoi il est très important de leur dire, et s'ils sont assez grands de leur expliquer, qu'il s'agit d'une maladie et qu'ils n'y sont pour rien. Ceci dit, on peut proposer à l'enfant de faire quelque chose à sa portée comme d'apporter son assiette à l'évier à la fin du repas ou de faire du rangement dans sa chambre une fois par semaine pour permettre à son père ou à sa mère malade d'être soigné et de se reposer. Le sentiment de faire quelque chose d'utile, même limité, est pour l'enfant un antidote à la culpabilité et au sentiment d'impuissance.

Renoncer au fantasme de la toute puissance

Rachel vient me consulter au sujet de sa fille Léa, une jeune femme de 25 ans qui aime bien son travail et s'entend bien avec les gens. Léa a un copain avec qui elle vit depuis deux ans et demi. Ce dernier n'a pas d'emploi stable. Après le souper, les deux s'installent sur le divan du salon et regardent la télévision toute la soirée en fumant du pot. Rachel me fait part de son inquiétude : « Je ne reconnais pas ma fille, elle qui était si dynamique et si énergique avant de rencontrer ce garçon. Elle est maintenant si amorphe. Ça n'a pas de bon sens, docteur, elle est sûrement en train de faire une dépression, il faut faire quelque chose pour que ça change. Je lui ai payé un voyage dans le Sud l'hiver dernier, mais ça vivre avec...

C'est une erreur que beaucoup de gens font d'essayer d'être le soignant, le thérapeute.

n'a rien changé. Elle m'a dit : "Tu sais maman, je suis bien avec Daniel. Non, ce n'est pas Einstein, j'en conviens, mais je suis bien avec lui, il est très tendre et parfois très drôle. Oui, je pourrais arrêter de fumer pour te faire plaisir mais ce ne serait pas une bonne raison. " »

Je suis d'accord avec la perception de la mère que Léa devrait peut-être changer quelque chose dans sa vie, mais j'essaie de lui montrer qu'elle ne court aucun danger. Elle n'est pas malade physiquement, elle n'est pas malade psychologiquement non plus, elle fonctionne bien au travail, elle a une relation stable. Et je dis à Rachel : « C'est vrai que c'est difficile de ne pas avoir l'influence qu'on veut sur nos enfants… C'est vrai qu'ils nous déçoivent quand ils ne suivent pas le chemin qu'on leur a tracé… »

C'est tout naturellement que l'amour et la compassion poussent les aidants naturels à désirer plus que tout la guérison de la personne aimée. Parce qu'on est la personne la plus proche d'elle, ou une des plus proches, il est très facile de s'imaginer, souvent sans même s'en rendre compte, qu'on est responsable de la guérison et donc du chemin qui y conduit. C'est une erreur que beaucoup de gens font d'essayer d'être le soignant, le thérapeute. Avec la meilleure volonté du monde, avec une naïveté qui pourrait faire sourire, ils se mettent à jouer au docteur ou au psychologue. Ça ne viendrait à l'idée de personne de le faire dans le cas d'une double fracture du tibia ou d'une attaque de la bactérie mangeuse de chair. Mais dans le cas d'une maladie comme la dépression unipolaire ou bipolaire, on a l'impression qu'à force d'écoute patiente et d'attentions de toutes sortes, on pourrait guérir la personne. Mais non : on ne peut pas être le thérapeute ou le soignant. Seulement le conjoint aimant, l'ami fidèle ou le collègue attentionné. Et ça, aucun médecin ou thérapeute ne peut l'être.

On ne peut qu'être impressionné par le dévouement et la générosité avec lesquels les proches font leur possible pour encourager et soutenir la personne malade. Ils savent mieux que personne les petites attentions qui font la différence et acceptent de faire des démarches que les malades n'ont pas l'énergie de faire. Ce soutien commande l'admiration. Mais un piège guette certains aidants naturels : celui de trop vouloir. Celui de ne pas reconnaître ses limites. Celui de prendre sur soi plus qu'on ne peut.

Ce n'est pas seulement du risque de « se brûler » qu'il s'agit ici, même s'il est bien réel. Il arrive parfois que certains aidants naturels qui se donnent au point de s'oublier totalement le font moins pour aider l'autre que pour s'aider eux-mêmes. Ils ont en fait besoin de se prouver quelque chose à eux-mêmes. Ils ont besoin de cultiver l'image d'une personne aimante,

> Un piège guette certains aidants naturels : celui de trop vouloir. Celui de ne pas reconnaître ses limites. Celui de prendre sur soi plus qu'on ne peut.

généreuse et dévouée. Leur dévouement, dont la sincérité ne fait aucun doute, carbure au narcissisme, c'est-à-dire à une préoccupation excessive d'eux-mêmes.

Ce sentiment que l'on peut changer les autres est présent, au moins pour un temps, dans la plupart des vies de couple ou de parents. « Je vais tellement et si bien aimer l'autre qu'il ou elle sera transformé. Si moi je peux faire quelque chose, je vais le faire. » Ce désir qui relève du fantasme peut se rencontrer également chez les enfants face à leurs parents malades. Il est important de préserver les enfants de se sentir investis de la mission de devenir le parent de leurs parents. Il faut les laisser vivre leur enfance, et pour cela mettre des limites à leur contribution et les encourager à s'impliquer dans les activités de leur âge.

Mais reconnaissons-le : elle est très forte, cette croyance que nous pouvons changer les personnes, tout comme est fortement enracinée, en Amérique du Nord, la croyance que tout le monde a des chances égales dans la vie. La réalité, malheureusement, est plus dure : on n'a pas vraiment des chances égales. Les cartes n'ont pas été distribuées également. On ne joue pas à jeu égal. On n'a pas commencé avec les mêmes dés, les mêmes gènes. Certains s'imaginent qu'en y travaillant correctement, c'est-à-dire en donnant un meilleur accès à l'éducation, en multipliant les ressources dans les milieux défavorisés, en offrant à tous les meilleurs traitements médicaux, en rendant la psychothérapie plus accessible, on pourrait transformer toutes les personnes qui parviendraient à un degré égal de santé, d'épanouissement, de bonheur. Mais non : pour des raisons génétiques chez certains, sociofamiliales chez d'autres, certaines personnes vont connaître plus de problèmes, parfois sérieux, que d'autres, y compris sur le plan psychologique et nerveux.

La dépression est une maladie qui peut certainement être soignée efficacement aujourd'hui, nous l'avons vu, et oui, beaucoup de gens vont guérir. Mais même avec les meilleurs soins, il y a des gens qui vont rester dans une dépression à long terme, et il faudra arriver à une certaine acceptation que cette maladie-là va continuer, que ça ne changera pas. D'ailleurs, c'est souvent seulement quand ils ont renoncé au fantasme de la toute puissance sur la maladie et qu'ils sont arrivés à accepter de ne pas contrôler la situation qu'on peut voir des aidants naturels trouver un bon équilibre entre les besoins de la personne malade et leurs propres besoins.

On peut faire ici un rapprochement avec la situation des aidants naturels qui ont affaire à des personnes qui souffrent d'alcoolisme. Il est très fréquent que la femme d'un mari alcoolique accepte, accepte, et accepte encore, croyant que son mari a besoin d'elle, que sa patience et sa compréhension finiront par lui faire prendre conscience de son état et qu'il changera. C'est souvent tout un travail d'amener ces femmes à comprendre que ce ne sont pas elles qui doivent changer, c'est leur mari qui doit changer, et que pour cela, elles devraient arrêter de servir de coussin pour empêcher que l'alcoolique se fasse mal en touchant le fond. C'est ce que font les groupes Al-Anon qui apprennent aux conjoints à prendre et à garder leur distance. Dans le cas d'une dépression à long terme, c'est un peu la même chose. Il s'agit d'arriver à une acceptation la plus sereine possible qu'il y a là quelque chose sur lequel on n'a pas de contrôle.

Derrière ce dont nous parlons ici se cache un des mythes fleuris des années 1960-1970, les années *Peace and Love*, où l'on croyait généreusement mais naïvement que grâce à l'amour, on verrait l'établissement de la paix mondiale, l'harmonie dans les couples, la réconciliation avec la nature et la disparition de la pauvreté. L'amour peut certainement faire du bien, mais malheureusement il ne guérit pas tout. L'amour peut guérir dans le sens où la personne aimée est acceptée inconditionnellement, mais pas dans le sens où elle serait transformée physiquement ou autrement. C'est assez paradoxal de constater que c'est lorsqu'on accepte ce qu'on est qu'on est transformé. Si on n'accepte pas ce qu'on est, on n'est pas transformé. Alors l'aidant naturel doit accepter sereinement son impuissance à guérir l'autre.

Dans le volet psychodynamique décrit au chapitre 2, on a vu que le malade revit des conflits primitifs. C'est aussi le cas de l'aidant naturel. Lui aussi est amené à renoncer à la toute puissance du premier stade de développement. Ce n'est pas facile d'autant plus que la personne malade, comme autrefois le petit enfant, désire que les proches (sa mère pour le petit enfant) soient tout puissants, car ainsi il n'a pas à assumer la responsabilité de sa propre vie. Il arrive que lorsqu'une personne très déprimée dit à son proche ou à son thérapeute : « Je veux me suicider », ce qu'elle dit en réalité, c'est « tu dois t'inquiéter ». Au lieu de dire je suis inquiète pour moi-même, elle demande à l'autre d'être inquiet à sa place. Il y a donc ici un véritable psychodrame qui se joue où plusieurs niveaux s'entremêlent. Les distinguer pour échapper à cette confusion n'est certainement pas quelque chose qui est facile à faire quand une personne en fait une première expérience avec un membre de la famille. Même les thérapeutes les plus expérimentés ne font pas toujours des miracles. Dans le cas de Sheila qui se sentait responsable de la mort de son mari, les interventions professionnelles n'ont pas été très efficaces malgré plusieurs rencontres.

Comme l'intensité n'est pas définie seulement par le malade, mais aussi par la psychologie de l'aidant, on comprend qu'avec tous ces niveaux qui s'emmêlent, il peut être très utile, voire nécessaire, de demander de l'aide. Il est souvent utile d'avoir une forme de psychothérapie de couple ou même familiale parfois, où toutes les personnes impliquées peuvent discuter avec l'apport du thérapeute. La dépression d'un proche peut être une épreuve terrible pour une personne seule.

Aller chercher du soutien

Constance a été hospitalisée pour une dépression résistant au traitement et s'apprête à recevoir son congé. En préparation pour son retour à la maison, le médecin la rencontre avec Sylvain, son conjoint, qui explique les difficultés déjà bien connues quand Constance est à la maison, difficultés qui ont trait aussi bien à l'organisation concrète de la vie qu'à la relation du couple. Après avoir discuté de la collaboration que Sylvain pourra apporter, ce dernier demande au médecin de le rencontrer seul. Constance ayant donné son accord, Sylvain se retrouve dans le bureau du médecin et lui dit : « Docteur, c'est au point où moi aussi je n'en peux plus, je pense que suis en train de faire une dépression moi-même. Je ne dors plus, je commence à avoir les mêmes symptômes que Constance au début. Cela m'inquiète et je suis très tendu à l'idée qu'elle va revenir à la maison. Pourrai-je tenir le coup ? »

Les aidants naturels doivent éviter de s'isoler, ce que la honte pousse parfois à faire, comme nous l'avons vu en parlant du cycle infernal. Il est capital d'avoir un ami à qui parler en toute franchise, avec qui on peut déverser son trop plein d'émotion et grâce à qui on peut se changer les idées. Nous avons vu que l'aidant naturel peut aussi bénéficier de participer au traitement de son proche en acceptant de s'impliquer dans la thérapie. Il peut aussi bien sûr aller chercher de l'aide personnelle auprès d'un professionnel de la santé. Enfin, dans certaines régions, il existe aussi des organismes qui offrent de l'aide soit sous forme d'information, par des conférences ou des brochures explicatives par exemple, soit sous forme de groupes de soutien pour les malades ou de lignes téléphoniques pour toutes les personnes impliquées.

C'est le cas d'un organisme comme Revivre, qui œuvre depuis plus de 15 ans maintenant dans la grande région de Montréal au service des personnes atteintes mais aussi de leur entourage, de leurs familles. Dans la région de Québec, des organismes semblables sont La Boussole et L'Équilibre. Par les conférences, auxquelles aussi bien les malades que les proches peuvent assister, on arrive à comprendre ce qui se passe dans la maladie et comment elle est traitée. C'est très utile car l'inconnu est source d'angoisse, surtout chez ceux qui sont doués pour imaginer le pire.

Par les groupes d'entraide, on va beaucoup plus loin en termes de soutien. Ces groupes stables, en ce sens que ce sont toujours les mêmes personnes qui les composent d'une fois à l'autre, cheminent ensemble généralement pendant 12 semaines. Les rencontres ont lieu dans toutes sortes de locaux, parfois même au CSSS local. L'approche de ces groupes est non directive. Les animateurs sont là pour faciliter l'échange entre les participants, s'assurant que chacun a la chance de parler et veillant au respect de certaines règles de base comme le respect d'autrui. Il ne s'agit pas de groupes de thérapie et on ne fait aucune interprétation de ce qui est partagé. En général, la rencontre commence par un échange de nouvelles de ce qui s'est vécu durant la semaine, puis on discute d'un thème préalablement choisi par le groupe, thème qui est en lien avec la dépression unipolaire ou bipolaire ; par exemple, un mois le groupe pourrait parler de la relation avec le conjoint et le mois suivant parler de l'estime de soi.

De plus en plus on a également des lignes d'écoute téléphonique et des espaces pour être en contact avec l'organisme par les nouvelles technologies. Le courriel fonctionne assez bien.

EN RÉSUMÉ

On peut efficacement accompagner un proche aux prises avec une dépression en pratiquant l'écoute et l'empathie, mais en gardant une bonne distance intérieure. Sans devoir toujours comprendre toute la dynamique intra-psychique, on peut s'ajuster à ce que vit l'autre en reconnaissant ses besoins et ses limites, en les respectant et en les faisant respecter par les autres. Si l'on arrive à accepter qu'on n'est pas responsable de la vie de l'autre et à renoncer au contrôle de la situation et à la toute puissance, si l'on sait trouver de l'aide et du soutien pour soi et pour la personne malade, la vie avec une personne dépressive peut devenir sereine, détendue et même agréable.

Heureusement les ressources ne manquent pas

La toute première ressource est votre **médecin** traitant. Consultez-le avec confiance pour vous-même, mais aussi si c'est pour un de vos proches que vous vous inquiétez. Vous trouverez aussi une aide rapide en vous adressant au **Centre de santé et de services sociaux** (CSSS, anciennement CLSC) le plus proche.

Il existe un très grand nombre d'organismes qui se consacrent à apporter du soutien aux personnes atteintes de dépression unipolaire ou bipolaire. Certains seulement consacrent des ressources aux proches ou aidants naturels. La liste qui suit est délibérément restreinte à des organismes pouvant vous orienter vers des ressources disponibles dans votre région.

L'organisme **REVIVRE** offre de très nombreux services d'information et de soutien. Si ses activités (conférences, groupes de soutien, etc.) se tiennent surtout dans la région de Montréal, sa ligne d'écoute sans frais est accessible à tout le monde. De plus, son site Web bilingue constitue une mine de renseignements et, grâce aux nombreux liens qui s'y trouvent, on a accès à de la documentation et d'autres ressources de toute sorte.

Revivre, 5140, rue Saint-Hubert, Montréal, H2J 2Y3. Téléphone : 514 REVIVRE (738-4873), Sans frais 1 866 738-4873. www.revivre.org

Pour la grande région de Québec,

L'Équilibre, 165, rue Carillon, local 318, Québec, G1K 9E9. Téléphone : 418 522-0551. http://membres.lycos.fr/cetabq

D'autres organismes se consacrent non seulement à la dépression unipolaire ou bipolaire, mais à l'ensemble des maladies mentales. Vous y trouverez aussi des ressources et du soutien.

Fédération des familles et amis de la personne atteinte de maladie mentale (FFAPAMM), 1990, rue Cyrille-Duquet, Québec, G1N 4K8. Téléphone : 418 687-0474. On trouve sur son site www.ffapamm.qc.ca des informations sur les activités des 41 associations qui oeuvrent partout au Québec.

L'Association canadienne pour la santé mentale offre de l'information et du soutien par le biais de son site Web et de ses filiales dans toutes les régions du Québec et du Canada. www.acsm.ca

Si votre proche manifeste de fortes **tendances suicidaires,** gardez sous la main le n° de téléphone de la ligne provinciale de prévention du suicide : 1 866 277-3553 Pour la région de Montréal, le n° de téléphone de Suicide-Action Montréal est 514 723-4000. Pour les anglophones : SAVE (Suicide Action Voices of Education), 1 800 273-TALK (8255). Le site de SAVE, www.save.org comporte une section sur la dépression.

Autres titres de la collection

Vivre avec
un proche impulsif,
intense, instable

*Sandra D'Auteuil,
infimière psychiatrique
Caroline Lafond,
travailleuse sociale*

Vivre avec
un enfant qui
dérange

*D'^r Gille Julien,
pédiatre social*

Vivre avec
l'homosexualité
de son enfant

*Sylvie Giasson,
auteure et conférencière*

Vivre avec
un proche
gravement malade

*D'^r Yves Quenneville,
psychiatre
D'^r Natasha Dufour,
psychiatre*

Consultez le site consacré aux ouvrages de la collection
www.bayardlivres.ca/vivreavec

À vous la parole

Vous avez aimé ce livre ?

Vous avez des commentaires
ou des suggestions à nous faire ?

Écrivez-nous à
edition@bayard-inc.com